CREA TU PROPIO DESTINO

PATRICK SNOW

CREA TU PROPIO
DESTINO

Cómo conseguir exactamente
lo que quieres en la vida

EDICIONES OBELISCO

Si este libro le ha interesado y desea que le mantengamos informado de
nuestras publicaciones, escríbanos indicándonos qué temas son de su interés
(Astrología, Autoayuda, Ciencias Ocultas, Artes Marciales, Naturismo,
Espiritualidad, Tradición...) y gustosamente le complaceremos.

Puede consultar nuestro catálogo en www.edicionesobelisco.com

Colección Nueva Consciencia
CREA TU PROPIO DESTINO
Patrick Snow

1.ª edición: noviembre de 2006

Título original: *Creating your own destiny*

Traducción: *Mireia Terés Loriente*
Maquetación: *Natàlia Campillo*
Corrección: *Elisenda Terré*
Diseño de cubierta: *Enrique Iborra*

© 2001, 2002, 2003, 2004, 2005, Patrick Snow
(Reservados todos los derechos)
©2006, Ediciones Obelisco, S.L.
(Reservados los derechos para la presente edición)

Edita: Ediciones Obelisco S.L.
Pere IV, 78 (Edif. Pedro IV) 3.ª planta 5.ª puerta.
08005 Barcelona - España
Tel. 93 309 85 25 - Fax 93 309 85 23
E-mail: obelisco@edicionesobelisco.com

Paracas, 59, C1275AFA Buenos Aires - Argentina
Tel. +54(011)4305-0633 - Fax: +54(011)4304-7820

ISBN: 84-9777-322-5
Depósito Legal: B-45.759-2006

Printed in Spain

Impreso en España en los talleres gráficos de Romanyà/Valls S.A.
Verdaguer, 1 - 08076 Capellades (Barcelona)

DEDICATORIA

Me gustaría dedicar este libro a mi familia:

A mi preciosa mujer, Cheryl. Gracias por apoyarme en todos mis esfuerzos a lo largo de tantos años. Te agradezco que hayas estado a mi lado en los momentos buenos y en los malos. ¡Te quiero, cariño!

A mis hijos, Samuel y Jacob. Sois el motivo por el que trabajo tan duro. Este libro lo he escrito para vosotros. Tengo la esperanza que, con el tiempo, vosotros y vuestros hijos os podáis beneficiar de él. ¡Os quiero!

A mis padres, Jack y Lois Snow. Sois los mejores padres que un hijo pudiera desear. Me he convertido en el hombre que soy gracias a vosotros. Os agradezco todas las palabras de ánimo que me habéis ofrecido a lo largo de toda mi vida... ¡os he escuchado siempre! Y me he beneficiado no sólo de lo que me habéis dado, sino también de lo que no me disteis. ¡Os quiero!

AGRADECIMIENTOS ────────────

Me gustaría mencionar a una serie de personas y agradecerles su apoyo, su ánimo y que creyeran en mis sueños. También les doy las gracias a los que me han ayudado con este libro y con mi carrera como conferenciante:

Robert Allen, Dave Beauchamp, Les Brown, Mike Bumpers, Alex Carroll, Kathi Dunn, Susan Friedmann, Raymond Gleason, Victoria Gonzales, Mark Victor Hansen, Michael Helgeson, T. J. Hoisington, Kim Hornyak, Jerry Jenkins, Charlie Jones, Paul Kadillak, Cynthia Kersey, Ellen Keszler, Harvey Klinger, James Malinchak, Bill McCarrick, Keith McKinnon, Ashoke y Kris Menon, Albert Mensah, Dave Nelson, Shawn O'Gara, Brian Olive, Larry Olsen, profesor Jack Padgett, Tim Polk, Dan Poynter, Sophie Ramsey, Anthony Robbins, Bob Rosner, Paul Schuler, Larry Sears Jr., Tom Snow, Ivey Stokes, David Torres, Paul Travis, Ted Treanor, Graham van Dixhorn, Rob van Pelt, Tobin van Pelt, Tony Wall, Jim Weems,

Barb Weems, Mary West, Mike West, Chris Widener y Zig Ziglar.

Además de vosotros, hay algunos más, ya sabéis quién sois…

Agradecimientos especiales ⎯⎯

Me gustaría dar las gracias en especial a Og Mandino, porque creyó que su libro *El don del orador* me inspiró para escribir *Crea tu propio destino*. *El don del orador* explica la vida de un conferenciante profesional de mucho éxito, Patrick Donne. No desvelaré el final, pero Patrick se dio cuenta de que las personas sólo recuerdan el diez por ciento de lo que escuchan. Por lo tanto, llegó a la conclusión de que si imprimía las palabras, sus conocimientos podían llegar a más personas durante un período de tiempo mayor. *El don del orador* es el libro más inspirador que jamás he leído. El mío sólo empezó como un sencillo mapa o una brújula para mis hijos. Sin embargo, a medida que iba escribiendo, resultó ser mucho más..., resultó ser algo que sentí que tenía que compartir no sólo con mis hijos, sino con más gente.

Me gustaría darle las gracias a Mary West por su duro trabajo en la promoción de este libro y por concertarme seminarios y conferencias. ¡Eres increíble!

También me gustaría darle las gracias de manera especial a Tim Polk, mi editor y coordinador de proyectos. Gracias, Tim, por ayudarme a organizar este manuscrito. Sin ti, este proyecto jamás hubiera visto la luz. ¡Eres el mejor!

Y, por último, me gustaría dar las gracias a Tony Wall (www.ToneDogStudios.com) por su pericia con la creación de mi página web, los CD de audio y los vídeos. Si necesitáis una página web o algún recurso en audio o vídeo para vuestro trabajo, poneos en contacto con Tony, es el mejor del sector.

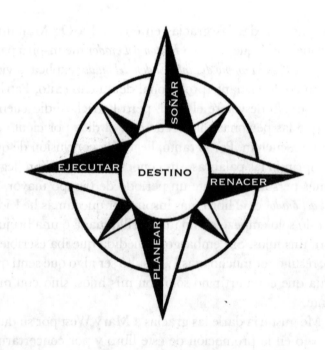

LIBÉRATE

¿No eres feliz en el trabajo? ¿Quieres algo más de la vida? ¿Quieres saborear la auténtica libertad? ¿De verdad eres libre? ¿Haces lo que te pide el corazón cada día, tanto personal como profesionalmente?

Cada año hablo delante de miles de personas y cuando les hago esta pregunta, muy pocas levantan la mano. ¿Por qué? Porque casi nadie es libre. La mayoría de las personas se han convertido en esclavos de su trabajo o de sus circunstancias vitales. Luchan contra lo que se supone que «deben» hacer: pagar los créditos de las tarjetas, trabajar de sol a sol (incluso en dos trabajos), ir a clases nocturnas, apoyar a la familia, criar a los hijos y sobrevivir entre paga y paga.

Ni siquiera los que han triunfado escapan a la sensación de estar «atrapados». Conozco a mucha gente que gana mucho dinero y se han convertido en esclavos de su cuenta corriente; cuanto más ganan, más gastan y, por lo tanto, ¡más necesitan ganar! Provengo de una familia de clase media muy modesta y también he conseguido ganar mucho más dinero que otras personas. Sin embargo, también he pasado por momentos difíciles en los que no sabía cuándo llegaría el próximo cheque. Mi fe en Dios me ha ayudado a superar numerosas adversidades en la vida. He aprendido que el dinero, en sí mismo, no libera a las personas.

Durante una docena de años, he entrevistado por todo el país a miles de empleados descontentos y me he dado cuenta de que todos queremos lo mismo: ¡todos queremos más de la vida! En general, la gente quiere seis cosas: más tiempo, más dinero, más libertad, más salud, más amor y más felicidad. Entonces, ¿cómo podemos obtener más de la vida y recuperar, como dijo William Wallace, nuestro «corazón […] libre»?

➡ **Creo que somos libres cuando creamos y seguimos nuestro destino.**

¿Qué es el destino? Según el diccionario es la «fuerza desconocida que se cree obra sobre los hombres y los sucesos». Para mí, esta «fuerza desconocida» es la MENTE (o el cerebro). Si utilizamos la mente para actuar y ejecutar las ideas y oportunidades factibles que se nos presenten a lo largo del camino, entonces podremos convertirnos en la «fuerza desconocida» que predetermina los sucesos de nuestra vida. Por lo tanto, para mí el destino es nuestro máximo propósito en la Tierra. El destino es la misión que cada uno de nosotros, como individuos únicos, tiene en la Tierra; en lo que tiene que convertirse. El destino está en nuestro interior. Es nuestra libertad, es el gran potencial que tenemos, la «fuerza desconocida» que sólo espera que nuestra mente la libere.

Creo que, al final del libro, podrás descubrir tu destino. También aprenderás cómo aplicar mi **Secreto del**

Éxito en la vida. Este secreto te mostrará cómo conseguir lo que reza el subtítulo de este libro: *Cómo conseguir exactamente lo que quieres en la vida.*

Sé lo que debes de estar pensando: «No puedo influir en mi destino», «¡Mi trabajo es un asco!», «¡Tengo miedo de que me despidan!», «¡Mi jefe es un imbécil!», «¡Las facturas de la tarjeta y el crédito de estudiante son demasiado altos!». O quizá: «Tengo que trabajar en dos sitios para pagar el alquiler o la hipoteca y ni siquiera puedo soñar con ahorrar para la entrada de una casa como la que tenían mis padres cuando yo era pequeño». Ahí es donde te equivocas. Independientemente de lo malas que sean tus circunstancias actuales, puedes influir en tu destino. Puedes moldearlo y hacerlo realidad. En este libro, te voy a enseñar cómo. Aquí aprenderás a soñar otra vez; te enseñaré a planear y a ejecutar acciones para cumplir tus sueños. Al final, como resultado, renacerás para el resto de tu vida.

¿Todavía dudas? No te culpo; creer que podemos influir en el destino requiere mucho esfuerzo y todavía más fe. Pero todos podemos pensar, ¿verdad? Y todos podemos tener fe, ¿verdad? Cierto. Cada uno de nosotros puede influir en su destino de manera positiva. Robert Ringer escribió en su libro *Million Dollar Habits*:

> Si tu mente cree que algo es cierto, estimula tus sentidos para que te lleven hasta las cosas, personas y circunstancias necesarias para convertir esa imagen mental en una realidad física.

Creo que así es como creas tu propio destino. En otras palabras, los sueños se hacen realidad. Como dijo Abraham Lincoln:

Te conviertes en lo que piensas.

Hay algo más que suele frenar a la gente en la persecución de sus sueños: el MIEDO. Perseguir tus sueños puede dar mucho miedo. Puede que te rechacen. Te costará mucho. Habrá obstáculos en el camino. Pero, para ser libre, debes arriesgarte a perseguir tus sueños. ¡Aquí aprenderás una estrategia para olvidarte de una vez por todas del miedo!

También te voy a animar a perseguir tus sueños más ambiciosos, los más «imposibles», en apariencia. ¿Por qué? Porque creo firmemente en lo que George Elliot dijo una vez:

> Sólo aquellos que se arriesgan a ir más lejos llegan a saber lo lejos que pueden ir.

Los doce capítulos de este libro te ayudarán a crear y a hacer realidad tu destino y, sinceramente lo creo, te permitirán tener más tiempo, más dinero, más libertad, más salud, más amor y más felicidad. Los títulos de los doce capítulos son mi Mapa para el Éxito.

He escrito este mapa conciso para enseñarte a ser valiente en tus esfuerzos y a comportarte como eres capaz de hacerlo. La siguiente cita es de Ralph Waldo Emerson:

> No vayas por donde el camino te lleve. Ve en cambio por donde no hay camino y deja rastro.

¡Puedes abrir un nuevo camino! Este libro será tu brújula y tu guía a lo largo del proceso.

Antes de empezar, es importante que sepas que todo el material al que me refiero son experiencias personales fruto de la lectura de más de mil libros de autoayuda, de trabajar como vendedor de alta tecnología, de ejercer de conferenciante motivador y coach para conseguir el éxito pero, sobre todo, de ser hijo, marido y padre.

Por favor, sé consciente de que este libro es algo más que un compendio de mis pensamientos y sugerencias. ¡Lo que tienes en las manos es uno de mis sueños hechos realidad! Creo que mi destino es, entre otras cosas, ayudar a los demás a superar sus miedos y adversidades para que puedan «liberar sus corazones».

También creo que eso de la educación completa no existe. La educación es un proceso que dura toda la vida. En realidad, creo que tú me puedes enseñar tanto como yo a ti. Todavía me queda muchísimo por aprender, por eso disfruto tanto leyendo. Te animo a que seas un aprendiz toda la vida y abras la mente a las nuevas ideas, estrategias y técnicas que te ofrece este libro, y a muchas más.

Quiero animarte a que pienses como un campeón del mundo. Si supieras que no puedes fallar, bajo ninguna circunstancia, ¿qué intentarías hacer el resto de tu vida?

Sé lo que debes de estar pensando: «Patrick, para ti es muy fácil hacer realidad tus sueños. Tienes éxito, mucha experiencia, una maravillosa y exitosa mujer que te apoya y dos hijos estupendos... pero yo soy demasiado joven (o demasiado viejo), demasiado pobre y no tengo experiencia para conseguir algo importante».

Aunque no te des cuenta, me parezco a ti mucho más de lo que crees. Toda mi vida he sido un luchador con pocas posibilidades y la realización de mi sueño ha empezado recientemente. ¡Pero todavía no lo he conseguido! Soy una «obra en construcción». Sigo luchando cada día para conseguir mis objetivos. Por otro lado, si tú ya lo has conseguido, no hay motivo para que sigas leyendo. Si eres como yo y sigues enfrentándote a las adversidades de la vida, avancemos juntos en la persecución de nuestros destinos.

Sinceramente creo que si yo puedo trabajar para conseguir mi destino, cualquiera puede hacerlo. Cualquiera, repito, cualquiera puede influir y mejorar su destino. Es más, y permíteme que lo diga, creo que tienes lo que hay que tener para influir en tu destino. ¿Cómo lo sé? Porque una vez estuve en tu piel y también me preocupaba perseguir mis sueños.

Además, el hecho de que estés dedicando parte de tu tiempo a leer este material y a aplicar las siguientes ideas y sugerencias deja claro que tienes lo que hay que tener para alcanzar tu destino. Y, por último, cualquier detalle negativo puede ser positivo. Puedes pensar que eres demasiado joven, o demasiado viejo, pero míralo de este modo: tienes la ventaja de poder empezar de cero cada día. ¡Tienes toda la vida por delante para conseguir grandes cosas! Ha llegado la hora de empezar a caminar en la dirección correcta.

Como ya he dicho, y repetiré a lo largo del libro, quiero ayudarte. Seré tu coach en este camino, tu guía, tu confidente. Si yo puedo hacerlo, tú también. ¡Creo en ti!

Piensa en lo que Pearl S. Buck, premio Nobel y ganador del premio Pulitzer, dijo:

> Los jóvenes no saben lo suficiente para ser prudentes y, por lo tanto, intentan conseguir lo imposible… y, generación tras generación, lo consiguen.

Y antes de empezar, te ofrezco una cita de Julio César:

> Por falta de entrenamiento, les faltaron conocimientos.
> Por falta de conocimientos, les faltó confianza.
> Por falta de confianza, les faltó la victoria.

En *Crea tu propio destino*, te daré la preparación, los conocimientos y la confianza para ganar tu propio juego de la vida.

Por último, mientras lees el libro, ten presente la cita de Oliver Wendell Colmes, que nos revela el tremendo poder de la mente a medida que vamos creciendo:

> Cuando una nueva idea ha ensanchando la mente humana, ésta no vuelve a su tamaño original nunca más.

Este libro te ayudará a descubrir ideas nuevas, a salir de tu cajita, a extender tu zona y a perseguir lo que de verdad quieres. Además, aprenderás a superar el rechazo y a dejar de lado los miedos mientras tomas una nueva dirección en la vida.

Te deseo todo lo mejor en este nuevo camino para aprender a crear tu propio destino...

¿Estás listo para empezar? Perfecto, ¡allá vamos!

PATRICK SNOW

Bainbridge Island, WA
Julio de 2004

Visualiza tus sueños _____

Capítulo 1

¡Sólo aquellos que pueden ver lo invisible
pueden conseguir lo imposible!
¡Creer en tu visión es la clave para crear tu propio destino!
Patrick Snow

La gente con éxito en todas las facetas de su vida (la fe, la familia, los negocios, los deportes) tiene una característica en común: la capacidad de mirar al futuro y visualizar exactamente lo que quiere conseguir. Sobre la visualización, san Agustín de Hipona dijo:

> La fe es creer en lo que no se ve; y la recompensa es ver lo que uno cree.

¿Por qué es tan importante la visualización? Si somos capaces de ver lo que queremos hacer o conseguir, nuestro cerebro hace un dibujo mental. ¿Alguna vez has escuchado la frase «Ver para creer»? Seguro que sí. Cuando vemos algo, aunque sólo sea mentalmente, tenemos mayores posibilidades de conseguirlo. Existe otra manera de visualizarlo, como una vez dijo el escritor Alex Morrison:

> Antes de poder hacer algo, debes verlo con claridad en tu mente.

Deja que te cuente cómo la visualización ha cambiado mi vida.

Soy el cuarto de cinco hermanos que nacieron en Owosso, Míchigan, a unos ciento cincuenta kilómetros al noroeste de Detroit. Mi padre era profesor y mi madre, enfermera. Tuve la suerte de tener una infancia feliz. Mis padres me animaron a perseguir el sueño que quisiera.

De joven, claro, quería ser jugador profesional de fútbol americano. Recuerdo que, de pequeño, vi cómo los Pittsburg Steelers ganaban varias Super Bowls. Le solía poner a *Bear*, nuestro labrador negro, la camiseta con el número 32 de Franco Harris y practicaba con él mis técnicas de placaje aunque, en general, lo que acababa haciendo era perseguirlo por el jardín nevado de casa.

Siempre fui un chico menudo para mi edad, pero eso no me hizo desistir de mi empeño. Enseguida hice mío (y sigo creyendo en él) el lema del antiguo entrenador de fútbol de Alabama, Bear Bryant:

> En una lucha, no importa el tamaño del perro, sino las ganas de pelear que tenga.

En el instituto, hice las pruebas para entrar en el equipo y tuve la inmensa suerte de recibir grandes lecciones de todos mis entrenadores. A pesar de que nuestro equipo no destacó casi nunca entre los mejores, el último año fui el jugador que consiguió más blocajes, intercepciones y recuperaciones *fumble*, me eligieron jugador más valioso y *linebacker* titular del equipo ideal de la liga.

Viéndolo ahora, debo admitir que no fue ninguna proeza, ya que ese año terminamos con un balance de nueve derrotas y cero victorias. Y, por si esto no fuera suficiente, la noche de Halloween de 1986 nos enfrentamos a un equipo con el que compartíamos un penoso récord: ocho derrotas y cero victorias. Bueno, y no sólo perdimos el partido (de lo que nuestros pocos aficionados leales bautizaron como «liga basura»), sino que lo hicimos después de dos prórrogas. A propósito de experiencias humillantes, aquella noche aprendí que la vida no es justa y que nunca lo ha sido. Estoy seguro de que tú también recuerdas alguna vez en tu vida en la que un esfuerzo no se vio recompensado. La lección que debemos extraer es que hay que aprender de las decepciones y seguir adelante desarrollando la filosofía de «el siguiente». En ventas, siempre digo: «Unas veces lo consigo, otras no, ¿y ahora qué? Pues el siguiente».

Mis habilidades deportivas me valieron una beca económica para matricularme en el Albion College, una pequeña universidad al sur de Míchigan, entre Detroit y Chicago. No era la universidad de Míchigan o Notre Dame, pero estaba convencido de que allí también podría seguir desarrollando mi juego y que, al final, llegaría a la liga profesional. Podía verlo, así que sabía que iba a ser así.

Sin embargo, durante el primer año en Albion, sucedió algo que iba a cambiar drásticamente mi vida para siempre.

Antes de empezar con la pretemporada, estaba tan ansioso por impresionar a los entrenadores que hice un sobreesfuerzo. Y, como resultado, varias costillas se salieron de sitio y se dislocaron de la columna vertebral. Un preparador físico podía ponerlas en su lugar sin demasiada dificultad, así que seguí entrenando con el equipo diez días más.

Sin embargo, a medida que iba avanzando la pretemporada, las cosas fueron empeorando. Entrenábamos cuatro veces al día. A veces, me dolía tanto que creía que no podía respirar. Tampoco podía levantar los brazos por encima de la cabeza, pero yo seguí adelante, porque el fútbol era mi «vida».

¡Y un día, sin más, mi carrera deportiva había terminado! Al final, escuché a los médicos y quiroprácticos del equipo, que me dijeron que ningún tipo de rehabilitación impediría que la lesión volviera a producirse.

¡Me quedé destrozado! Mi sueño desde pequeño se había visto truncado por una lesión que nada podía evitar que se reprodujera una y otra vez.

Sin embargo, y por suerte, tenía una asignatura de filosofía. Uno de los libros de lectura obligatoria me fascinó particularmente: *Man's Search for Himself*, de Rollo May. El argumento, en pocas palabras, es parecido a la cita de William Wallace que aparece en la introducción de este libro: todos hemos nacido libres; no obstante, si no cortamos, en nombre de esa libertad, el cordón umbilical psicológico que nos une a nuestros padres a una edad temprana, no iremos demasiado lejos. O, para decirlo de otra manera, seremos como un perro atado a su caseta en el jardín de casa y sólo podremos ir hasta donde nos deje la cadena.

Cuando entendí este concepto, supe que la lesión que me había obligado a dejar el fútbol no era el final, ¡era el principio! Era libre para ir donde quisiera, para crear una nueva visión de mi vida, para hacer cosas nuevas. Con la ayuda de Rollo May aprendí que en la vida había cosas mucho más importante que el fútbol americano.

La lesión de espalda me dio la oportunidad de empezar de cero, de proponerme nuevos objetivos. Y dos de ellos eran convertirme en conferenciante motivador y en escritor mientras trabajaba en el sector del crecimiento y el desarrollo personal para ayudar a los demás a triunfar.

EJERCICIO

¿Te acuerdas de algún momento en tu vida que creyeras que sería «el final»? ¿Qué pensabas y sentías en ese momento?

¿Ese «final» dio paso a un nuevo «principio»? ¿Qué sucedió?

De los múltiples retos a los que te enfrentas hoy en día, ¿hay alguno disfrazado de oportunidad?

UN NUEVO PRINCIPIO

Sabía que sólo había ido a parar a Albion College por mi sueño de convertirme en jugador de fútbol americano profesional. Y cuando mi carrera deportiva terminó, no tenía sentido quedarme allí. Todavía no había tenido mucho tiempo para pensar en mi futuro y en lo que quería hacer, pero sabía que me gustaban las montañas y que me apetecía descubrir el oeste de los Estados Unidos. Así que envié una solicitud a la universidad de Montana y me aceptaron.

Así pues, el 1 de enero de 1988, un chico de dieciocho años que no conocía a nadie al oeste del Misisipí, se subió a un autobús con un billete de 69 dólares para cambiar de universidad.

➡ **No sabía qué iba a hacer con mi vida, pero estaba convencido de que iba en la dirección correcta.**

Y, ¿sabes qué? Trasladarme a la universidad de Montana fue lo mejor que me ha pasado en la vida. Y no sólo porque me graduara en ciencias políticas, sino porque conseguí algo más importante, conocí a una maravillosa mujer llamada Cheryl Monaghan que más tarde, y lo digo con todo el orgullo del mundo, se convirtió en mi mujer.

Tenemos dos hijos, Samuel y Jacob, y buenos trabajos; Cheryl es fiscal del estado en Seattle, y yo tengo mi carrera como conferenciante, coach y escritor y una vida dedicada a ayudar a los demás.

Y deja que te diga algo: por muy emocionante que hubiera podido ser jugar en la NFL e incluso ganar alguna Super Bowl, JAMÁS podría igualarse al amor que siento por mi familia. La experiencia también me ha llevado a creer firmemente que no debemos centrarnos en un único objetivo. Es demasiado restrictivo. En lugar de eso, cada uno debería crearse un destino hacia donde avanzar, lleno de personas, lugares e hitos que conseguir por el camino.

Así pues, si no puedo jugar en la NFL, ahora tengo un nuevo objetivo: a los cincuenta años, quiero ser propietario de un equipo de fútbol profesional. ¿Qué te parece como visualización de un sueño? Para conseguirlo, tendré que reunir 500 millones de dólares, pero tengo casi quince años para hacerlo. El equipo se llamará Hawái Sharks y jugará, como local, en el Aloha Stadium de Honolulú a partir de la temporada 2018-19. Si no puedo conseguir abrir una nueva franquicia en Hawái, mi plan B es comprar el equipo de mi ciudad, los Seattle Seahawks. Si te interesa formar parte de esta franquicia y ser propietario del equipo, puedes enviar tu capital a la siguiente dirección postal: Patrick Snow, c/o The Snow Group, P.O. Box 10864, Bainbridge Island, Wa 98110.

Según cuál sea tu procedimiento mental, ahora mismo debes de estar o partiéndote de risa o creyendo en mi visión. En cualquier caso, este tipo de visiones son las que deberías desarrollar en tu vida. Puede que, para los demás, sean invisibles y seguramente poco realistas, pero deben ser visibles en tu mente y en tu corazón para que puedas convertir lo imposible en probable.

Algunas veces me he planteado que cuando logre mi sueño de ser propietario de un equipo de la NFL, podría presentarme como candidato a presidente del país. Lo importante es que deseo ser presidente y que, por lo tanto, es un objetivo que podría conseguir. Sin embargo, no sé si querría exponer a mi familia a una vida de constante escrutinio público. Además, tengo otro objetivo: vender un millón de ejemplares de este libro. No sé cómo voy a conseguir estos objetivos, pero ya hablaremos del cómo al final del capítulo.

Después de leer este último párrafo, creerás que tengo un ego del tamaño del estado de Texas. Bueno, pues déjame decirte que no es así. ¡Creo que hay una gran diferencia entre tener un ego enorme y tener confianza en uno mismo! Mis padres me educaron para que creyera que podría lograr cualquier cosa, siempre que trabajara duro para hacerlo. Por lo tanto, mi eterno optimismo es culpa de ellos. A consecuencia de esa educación, no creo que tenga un gran ego, pero sí la mayor confianza en mí mismo que jamás verás en nadie. Y hay una gran diferencia entre estos dos tipos de personalidad.

➡ **Si pudieras desarrollar tu nivel de confianza en ti mismo y ampliar tu mente para creer en el poder de tus visiones, ¿qué podrías conseguir?**

Quizá tu visión no sea ser un escritor de éxito, o propietario de un equipo de la NFL, o presidente de los Estados Unidos, pero es importante sólo para ti y eso es lo que te hace una persona tan especial. Céntrate en tu individualidad en lugar de permitir que las presiones sociales te moldeen a su imagen y semejanza. Para ser libre, debes tener más fe en ti mismo y creer como nunca en tus visiones.

Lo importante sobre mi nuevo principio es que, si no hubiera tenido la capacidad de soñar a lo grande y ver cómo podría ser mi futuro, nunca habría tenido el valor de subir a ese autobús hacia Montana.

➡ **Como fui capaz de ver lo invisible, he conseguido lo imposible: tener una familia magnífica, una carrera de éxito y un futuro muy emocionante.**

Te animo a que desarrolles tus habilidades para visualizar y ver dentro de tu mente… ¡los mayores sueños del mundo! Más adelante, te enseñaré cómo hacer realidad los sueños pero, antes de eso, tienes que entender que el primer paso es la visualización.

➡ **Cuando pensamos en nuestro futuro, debemos aprender a guiarnos por la fe, no por la vista. Hay quien opina que sólo se puede visualizar con los ojos. Yo creo que también se puede hacer con el corazón.**

Por lo tanto, si supieras que no fracasarías, ¿cómo visualizarías tu futuro? Sueña a lo grande y escribe aquí abajo tus visiones:

UNA MISIÓN PERSONAL

Una de las herramientas que me ayudan a visualizar mi destino es crear una Misión Personal. ¿Qué es una Misión Personal? En los años noventa, las empresas empezaron a solicitar y a recibir certificados ISO. Es un proceso por el cual una empresa documenta todo lo que hace para así conseguir identificar a las organizaciones con unos procesos sólidos y unos servicios y productos de calidad. Como parte del proceso ISO, una empresa debe crear una misión: como compañía, ¿qué queremos hacer y qué defendemos?

Te sugiero que hagas algo parecido. En un párrafo, describe lo que quieres hacer en la Tierra mientras vivas. ¿En qué quieres centrar tus esfuerzos? ¿Por qué quieres que te recuerden? ¿Dónde quieres llegar en el trabajo?

A continuación, te presento mi Misión Personal, redactada en julio de 1997. Desde entonces, la he modificado ligeramente, pero te dará una idea de cómo creo que debería ser la tuya. También he incluido la Misión Personal para mi empresa, The Snow Group, Inc.

Como ves, una Misión Personal es una definición de quién eres y de lo que crees. Para ayudarte a empezar, piensa en esto:

¿Por qué quieres que te recuerden?

¿Qué quieres que tus nietos digan, piensen o crean sobre ti?

¿En qué crees?

¿Por qué trabajas?

¿Cuál es tu mayor vocación en la vida?

¿Qué cambios necesitas hacer?

¿Cuáles son tus visiones?

¿Y tus sueños?

¿Cuál es tu destino?

MI MISIÓN PERSONAL

A partir de hoy, me dedicaré en cuerpo y alma a mejorar el mundo en lo posible siendo:

- Un individuo fuerte, hijo de Dios.
- Un marido cariñoso, fiel y comprensivo para mi mujer.
- Un modelo positivo, una fuerte influencia y un buen amigo para mis hijos. Y, para ello, les transmitiré valores, disciplina, respeto, autoestima, confianza y amor, y también les daré libertad para que exploren el mundo.
- Un niño adulto del que mis padres se sientan orgullosos, y espero poder, algún día, recompensarles por su amor y por ayudarme a aprender a tener éxito.
- Una influencia positiva para todos aquellos que aspiran a crecer tanto personal como profesionalmente a través de mis conferencias de motivación, mis enseñanzas, mi página web, mis cintas, libros y otro material escrito.

- Una influencia positiva para los jóvenes que empiezan a tomar decisiones sobre su futuro.
- Un empresario de éxito.
- Un filántropo que ayuda a los más necesitados.
- Una persona feliz y positiva y con un gran sentido del humor.
- Un ser humano bondadoso y comprensivo.

MI MISIÓN PROFESIONAL

Como defensor de los negocios propios, mi visión es ayudar a millones de personas a tener éxito en la vida enseñándoles a superar sus miedos, transformando sus pasiones en sus negocios y, por último, animándolos a que creen sus propios destinos. Estos «estudiantes del destino» se liberarán de la dependencia del trabajo y, como consecuencia de tener su propio negocio de éxito, disfrutarán de más tiempo, dinero, libertad, salud, amor y felicidad. A los necesitados, les daré mi tiempo, dinero y energía para ayudar a que los jóvenes de hoy sean los líderes de mañana.

Patrick Snow

Escritor
Conferenciante
Coach
Empresario
(800) 951-7721
www.CreateYourOwnDestiny.com

EJERCICIO

Escribe tu propia Misión Personal. Puede que necesites una hoja de papel entera.

MI MISIÓN PERSONAL

Nombre: Fecha:

DECIDE TU DESTINO CON ANTELACIÓN

Antes de empezar a dar pasos concretos para hacer realidad tus sueños y tu destino, debes saber qué quieres conseguir. Esto me recuerda nuestro último viaje a Hawái. Mi familia y yo subimos a un avión en Seattle con dirección a Honolulú. Al rato de haber despegado, el piloto se puso en comunicación con los pasajeros: «Señoras y señores, tengo que darles dos noticias. Una es buena y la otra, no tanto. La buena es que hay un viento de cola de 320 kilómetros por hora, ¡así que vamos muy deprisa! La menos buena es que estamos totalmente perdidos en algún lugar encima del océano Pacífico y no tenemos ni idea de dónde estamos —y, para intentar tranquilizar al pasaje, añadió—: ¡Puede que no sepamos adónde vamos, pero les aseguro que llegaremos muy deprisa!».

En esta ocasión, llegamos a Hawái sanos y salvos. Pero nos pasan cosas así muy a menudo, ¿no es cierto? ¿No te sientes, a veces, como un avión perdido, que atraviesa el cielo (la vida) «muy deprisa», pero totalmente perdido?

32 | CREA TU PROPIO DESTINO

Le sucede a mucha gente. Visualizar exactamente lo que quieres conseguir en la vida es una manera de prevenir esto. La visualización permite que tu mente trace el recorrido con antelación (igual que lo hacen las tripulaciones de vuelo cada día).

Piénsalo: ¿Cómo es posible que aviones de todo el mundo atraviesen en mayor océano del planeta para aterrizar en Hawái, un diminuto punto de tierra allí en medio? Hay muchas respuestas correctas, pero la mejor para este ejemplo es que los pilotos de todos esos aviones han predeterminado el destino con antelación.

➡ **Creo que nosotros también estamos programados para poder predeterminar nuestro destino con antelación. Y lo hacemos creándonos una visión en la mente y, después, dando pasos cada día hacia esa visión y no rindiéndonos NUNCA, a pesar de lo que todos digan que podemos o no podemos conseguir.**

Te animo a que localices tus visiones internas y predetermines tu destino por adelantado. ¿Cuál es tu visión de la vida y hacia dónde vas? Nunca es tarde para cambiar o corregir el rumbo, aunque estés en pleno vuelo. Estos arreglos en pleno vuelo forman parte de la realidad de volar. Y con la vida sucede lo mismo. ¿Qué arreglos en plena vida necesitas en estos momentos?

La visualización (la capacidad de ver lo invisible) es lo que te permite vivir tus sueños y llevar una vida plena. La incapacidad de visualizar te arrastra a un camino que no lleva a ninguna parte. Un lugar donde no tienes el control de la situación y donde acabarás arrepentido, porque has ido a parar a un lugar donde nunca quisiste ir.

Esto me recuerda una de mis citas favoritas, de autor desconocido:

¡El camino a algún día conduce a un lugar llamado ninguna parte!

Te animo a que hagas algo hoy mismo y vivas, cada día, en base a tu Misión Personal. Cuidado con esto. Cualquiera puede crear una Misión Personal y no hacer nada para hacerla realidad, una visión que nunca se cumple porque nadie pasa a la acción para conseguirlo. La gente de éxito sabe que, para hacer realidad una visión, hay que actuar cada día.

La habilidad de visualizar tus sueños te da confianza para perseguir y conseguir tus mayores objetivos en la vida. De hecho, Toni Ann Robino, una amiga y mentora, dijo:

Cuando tus sueños DIRIGEN tu vida, la vida REFLEJA tus sueños.

Hazte esta sencilla pregunta: «¿Qué quería ser de pequeño?». Cuando lo recuerdes, pregúntate si tu corazón sigue queriendo lo mismo. Si es así, ¡sueña a lo grande y persigue tu pasión con todo el corazón! Si no, empieza a buscar tu nuevo principio y luego persigue tu nueva pasión con toda tu energía y no dejes que la ignorancia ni la actitud negativa de nadie te impidan ver la luz al final del túnel.

RESUMEN

Para cerrar este capítulo, ahora compartiré contigo cómo conseguir tus visiones. Quiero compartir contigo el conocimiento de un hombre que me ha ayudado a llevar la visualización a otro nivel. Conocí a Larry Olsen, autor de

Break Through to a LIFE That ROX, unos tres meses después de la publicación de este libro. La pericia de Larry en el tema de las VISIONES me ha ayudado a responder la pregunta de cómo se consiguen las visiones. Le estaré eternamente agradecido por haber sido mi mentor. El libro de Larry es de lectura obligada porque te enseña a crearte una visión a tres años vista y vivirla AHORA. Mi cita favorita de Larry Olsen es la siguiente:

> No tengo derecho a trabajar en el «CÓMO» hasta que no saboree, toque, huela, sienta, oiga, pase por el filtro de las emociones y «POSEA LA VISIÓN». Primero llega la visión y después ya veré «CÓMO» hacer mis sueños realidad.

Según Larry, cuando poseas tu propia visión, el cómo (en términos de cómo convertir los sueños en realidad) aparecerá solo.

Por ejemplo, no tenía ni idea de cómo iba a escribir este libro pero, cuando aprendí a poseer mi propia visión y desarrollé una mentalidad imparable hacia lo que quería conseguir, apareció solo. De igual manera, a día de hoy, no tengo ni idea de cómo me convertiré en propietario de una franquicia de la NFL, en un escritor de éxito o en presidente de los Estados Unidos. Sin embargo, a medida que vaya aprendiendo a poseer esas visiones, el cómo vendrá solo, igual que sucedió cuando me puse a escribir este libro.

Y lo que es más importante: ninguna de mis visiones se hará realidad porque yo quiera, a menos que antes me las proponga como objetivos. El resultado de convertir los sueños en objetivos es que siempre existe una posibilidad de que mis visiones se hagan realidad. Si no, ¡no hay ninguna posibilidad! Y para los sueños sirve el mismo principio. Alguien conseguirá tus visiones, ¿por qué tú no? Recuerda siempre esta frase de autor anónimo:

Si no eres tú, entonces, ¿quién?

¿Cuáles son tus visiones? Te animo a que pienses en ellas día y noche. Si puedes hacerlo, tarde o temprano podrás poseerlas y, por arte de magia, el cómo aparecerá. Si sigues esta estrategia al pie de la letra, estás destinado a conseguir lo que quieras en la vida.

MÁRCATE OBJETIVOS AMBICIOSOS ____

CAPÍTULO 2

Llega un momento en que debemos decidir firmemente el camino que vamos a seguir o, si no, la sucesión de acontecimientos tomarán la decisión por nosotros.

HERBERT PROCHNOW

En el primer capítulo, hemos hablado de las visiones y de cómo hacer realidad los sueños. Y lo hemos hecho a grandes trazos, de manera general.

Ahora voy a ser más específico. Y, para ello, hay que establecer y priorizar nuestros objetivos.

Definición: un objetivo es la comprensión progresiva de un sueño en un contexto determinado.

En otras palabras, los objetivos son, si se quiere, elementos específicos de nuestra visión general que queremos conseguir en un período de tiempo. Si nuestro destino fuera un rascacielos, los objetivos serían los ladrillos y las vigas de acero que sirven como fundamentos del edificio.

Y, por lo tanto, es imperativo entender que los objetivos son la base para comprender el destino para el que naciste. Tus objetivos son el factor clave que determinan los acontecimientos que sucederán en tu vida.

La cita que sigue, de la empresa especializada en productos para motivar Successories, creo que define los objetivos a la perfección:

Sin propósito ni dirección, el esfuerzo y el coraje no bastan.

Los objetivos que nacen del propósito y la dirección sólo se pueden crear en el corazón. A menudo, la gente se ve saturada por la magnitud de sus grandes objetivos y se hace las siguientes preguntas: «¿Mi objetivo es realista o sólo es un sueño?» o «¿Debería escuchar a todos los que me dicen que abandone y conformarme con la mediocridad?».

Yo creo que no deberías fijarte únicamente en el objetivo final. Es mucho más sencillo concentrarte en el próximo desafío y luego, paso a paso, avanzar hacia el destino final. Si no, es muy probable que el objetivo final resulte abrumador y acabemos abandonando. Hace años, copié esta cita de una fuente anónima y define muy bien este proceso:

> Los objetivos no son promesas, son compromisos. No son deseos, son visiones.
>
> Y no soñamos y esperamos que estos sueños vengan a encontrarnos; salimos a encontrarlos.
>
> Los objetivos no empiezan en el cerebro, empiezan en el corazón.

Y lo bonito de estos objetivos es que puedes escoger: puedes crear tu propio destino o puedes quedarte quieto, como dice Prochnow, y dejar que las circunstancias de la vida definan quién serás y qué conseguirás. Creo que los que «se quedan quietos» son como las hojas que el viento arranca del árbol y las lleva donde quiere, hasta que aterrizan en un lugar desconocido. Esas personas van a parar adonde el viento las lleva… y acaban destrozadas, pisoteadas y rotas. Sé que puede sonar muy duro, pero piensa en toda esa gente que nunca en su vida ha hecho nada significativo y que, al final, siempre acaban arrepintiéndose de lo que PODRÍAN haber conseguido. Recuerda: el «casi» sólo sirve para las herraduras y las granadas de mano.

NOTA ESPECIAL

Tuve mucha suerte de que mi padre, Jack Snow, profesor de ciencias en el instituto y entrenador de golf, me introdujera en el concepto de los objetivos y me acostumbrara a escribirlos, cada año, en una hoja de papel. Debió de convencerme porque, desde entonces, cada año actualizo mis objetivos. Le estaré eternamente agradecido por sus consejos y su apoyo.

EL PODER DE LOS OBJETIVOS

Los objetivos de una persona definen en qué se convertirá y qué defiende. Sólo aquellos que sincronizan sus objetivos con la visualización de su destino lo conseguirán. Dicho de manera más sencilla:

➡ **¡Tus objetivos te definen!**

Por supuesto, para poder establecer tus objetivos debes tener claro qué quieres en la vida. Una vez, W. L. Hunt dijo:

> La primera clave del éxito es saber qué quieres conseguir en la vida.

Los objetivos deberían tener las siguientes características:

- Estar escritos en una hoja de papel. Escríbelos y tenlos a mano para revisarlos con frecuencia.
- Ser específicos. Un objetivo como: «Quiero tener más dinero», es demasiado vago. Debe ser lo más especí-

fico posible, como: «Este año quiero que mi empresa consiga unos beneficios de 50.000 dólares».

- Tener un margen temporal establecido para poder medirlos. Evita frases del tipo: «Quiero ahorrar lo suficiente para pagar la entrada de una casa». En lugar de eso: «El 31 de diciembre de 200x, quiero haber ahorrado x para pagar la entrada de una casa».
- Deberías revisarlos y actualizarlos de manera regular. Al revisarlos, consigues mantenerlos frescos en la mente. Además, a medida que tus circunstancias cambian o consigues otras metas, querrás actualizar la hoja de objetivos finales. Yo guardo la mía en la agenda, pero hay quien la guarda en un calendario, en un fichero de «información importante» o en cualquier otro sitio al que accedas con relativa frecuencia.

Earl Nightingale fue uno de los pioneros en el estudio de los objetivos. Sobre la importancia de establecerlos, dijo:

> La gente que tiene un objetivo triunfa porque sabe adónde va.

En algún momento de tu vida (y espero que sea AHORA MISMO), debes hacerte, y responder de corazón, las siguientes preguntas. Las llamo Preguntas Definitorias de Vida.

Por favor, ten en cuenta que deberías tomarte tu tiempo para pensarlas y, después, responder. No tengas prisa. La calidad del pensamiento que le dediques y de tus respuestas influirá mucho en la calidad final de tus objetivos.

Si necesitas más espacio o no quieres escribir las respuestas en el libro, te animo a que encargues *mi Diario Práctico del Destino (Destiny Journal Workbook)*, un completo programa de 30 días para descubrirse a uno mismo.

El impreso de solicitud aparece al final del libro. En él tendrás espacio de sobra para escribir todas tus respuestas. También puedes visitar mi página web, www.CreateYourOwnDestiny.com, abrir «Material Gratuito» («Free Stuff») e imprimir las hojas de objetivos una y otra vez.

PREGUNTAS DEFINITORIAS DE VIDA

Pregunta 1: ¿Qué diez cosas quiero «SER»?

1. ----------------------------   6. ----------------------------
2. ----------------------------   7. ----------------------------
3. ----------------------------   8. ----------------------------
4. ----------------------------   9. ----------------------------
5. ----------------------------   10. ----------------------------

Pregunta 2: ¿Qué diez cosas quiero «HACER»?

1. ---
2. ---
3. ---
4. ---
5. ---
6. ---
7. ---
8. ---
9. ---
10. --

Pregunta 3: ¿Qué diez cosas quiero «TENER»?

1. ----------------------------   6. ----------------------------
2. ----------------------------   7. ----------------------------
3. ----------------------------   8. ----------------------------
4. ----------------------------   9. ----------------------------
5. ----------------------------   10. ----------------------------

Pregunta 4: ¿A qué cinco lugares me gustaría «IR»?

1. ----------------------------   4. -----------------------------------
2. ----------------------------   5. -----------------------------------
3. ----------------------------

Pregunta 5: ¿Qué doce objetivos a cinco años vista me ayudarán a cumplir las preguntas 1, 2, 3 y 4?

1. ---
2. ---
3. ---
4. ---
5. ---
6. ---
7. ---
8. ---
9. ---
10.---
11.---
12.---

Pregunta 6: ¿Qué doce objetivos a un año vista debo conseguir para «estar en el buen camino»?

1. ---
2. ---
3. ---
4. ---
5. ---
6. ---
7. ---
8. ---
9. ---
10.---

11. --
12. --

Pregunta 7: ¿Dónde quiero vivir?

(Sé específico: ¿en qué estado, zona, región? ¿En qué tipo de casa? ¿Qué quieres tener alrededor? ¿Agua? ¿El océano? ¿Montañas?)

1. --
2. --
3. --

Pregunta 8: ¿Quién es la persona con quien quiero compartir el viaje?

Seguramente, la respuesta a esta pregunta será tu pareja. Puede que, cuando leas el libro, todavía no hayas conocido a esa persona pero, si algún día quieres casarte, escribe la palabra «pareja». Además, ¿quieres tener hijos? ¿Cuántos?

A continuación, para apoyar los objetivos a un año vista debes completar la hoja de «Objetivos mensuales» (véase página siguiente). Esta hoja está diseñada para que puedas alcanzar los objetivos a un año vista. Para ello, sólo tienes que escribir cuatro o cinco pequeños objetivos/tareas/proyectos cada mes que servirán de base para conseguir los grandes objetivos. Sólo tienes que hacerte esta pregunta: «¿Soy capaz de hacer sólo una cosa por semana?».

La hoja de «Objetivos mensuales» también puedes encontrarla en mi página web, en el apartado de «Material Gratuito» («Free Staff»).

En la página siguiente, encontrarás la hoja de los «50 Logros Vitales». Está diseñada para obligarte a mirar tu futuro y escoger cuarenta o cincuenta cosas que quieras hacer. Te animo a que, para empezar, escribas los diez mejores logros conseguidos hasta la fecha. Después, a partir del puesto 11, empieza a escribir lo que quieres conseguir en un futuro. Te sorprenderá lo centrado que estarás en el destino cuando hayas terminado este ejercicio.

OBJETIVOS MENSUALES

Enero

Febrero

Marzo

Abril

Mayo

Junio

Julio

Agosto

Septiembre

Octubre

Noviembre

Diciembre

----

50 LOGROS VITALES

1. -----------------------------
2. -----------------------------
3. -----------------------------
4. -----------------------------
5. -----------------------------
6. -----------------------------
7. -----------------------------
8. -----------------------------
9. -----------------------------
10. ----------------------------
11. ----------------------------
12. ----------------------------
13. ----------------------------
14. ----------------------------
15. ----------------------------

16. -----------------------------
17. -----------------------------
18. -----------------------------
19. -----------------------------
20. -----------------------------
21. -----------------------------
22. -----------------------------
23. -----------------------------
24. -----------------------------
25. -----------------------------
26. -----------------------------
27. -----------------------------
28. -----------------------------
29. -----------------------------
30. -----------------------------

31. --------------------------------   41. --------------------------------
32. --------------------------------   42. --------------------------------
33. --------------------------------   43. --------------------------------
34. --------------------------------   44. --------------------------------
35. --------------------------------   45. --------------------------------
36. --------------------------------   46. --------------------------------
37. --------------------------------   47. --------------------------------
38. --------------------------------   48. --------------------------------
39. --------------------------------   49. --------------------------------
40. --------------------------------   50. --------------------------------

¿DÓNDE QUIERES VIVIR?

Puede que todavía estés pensando en la pregunta 7, la de dónde quieres vivir. Deja que te explique por qué es tan importante para conseguir tu destino.

Hace unos años, Marsha Sintar escribió un libro titulado *Do What You Love, The Money Will Follow*. No podría estar más de acuerdo con ella, si haces lo que quieres, el dinero tarde o temprano llegará, pero también creo que la gente debería llevar la filosofía de Marsha un poco más lejos: vive donde quieras y, tarde o temprano, el dinero llegará. Cuando hayas visualizado tu destino, es imperativo encontrar un lugar para vivir que sea compatible tanto con tus objetivos como con tu destino.

Por ejemplo, cuando salí de la universidad, hice mi primera entrevista de trabajo en Seattle, Washington, en diciembre de 1991. Recuerdo que miré al oeste desde Puget Sound y me imaginé lo bonito que sería vivir en Bainbridge Island. Me encantaba Seattle y me encantaba vivir cerca del agua así que, para mí, Bainbridge Island representaba el lugar «perfecto».

Y, además, iba acorde con mis objetivos. La isla está muy cerca del centro de Seattle, con todas las tiendas y los restaurantes, con acceso a la universidad de Washington y a los equipos profesionales de la ciudad. Sin embargo, el hecho de que esté alejada del ajetreo de la ciudad me proporciona el tiempo necesario para pensar y contemplar, escribir libros (como el que tienes en las manos) y, además, para escapar y cargar las pilas. También es un lugar magnífico para criar a mis hijos, ya que tiene varias de las mejores escuelas de la ciudad y el crimen es virtualmente inexistente.

Sin embargo, como muchos objetivos, tardamos algún tiempo en vivir en Bainbridge Island. Cuando, en 1991, mi mujer Cheryl y yo nos mudamos a Seattle, no podíamos permitirnos comprar una casa en Bainbridge Island; de hecho, no podíamos permitirnos comprar una casa en ningún sitio, así que encontramos una casa de alquiler a unos treinta kilómetros al noreste de la ciudad. Pero, a pesar de todo, yo seguía soñando con vivir en Bainbridge Island. Para visualizar mejor mi sueño, solíamos ir allí de picnic, de excursión, a la playa, para ir impregnándonos de aquel ambiente. También ahorramos algún dinero. Pasaron cinco años. Mi mujer se graduó en la facultad de Derecho y se convirtió en fiscal del estado en Seattle. Mi carrera en el mundo de las ventas se había estabilizado y tuve la inmensa suerte de poder trabajar desde casa.

Así pues, en 1997 nos compramos un terreno en Bainbridge Island para construir nuestra casa. Sin embargo, conseguir que nos concedieran un préstamo no fue tan sencillo como habíamos imaginado. Antes de la construcción de la casa, nos concedieron una cantidad pero, durante el proceso de construcción, los gastos se dispararon 20.000

dólares por encima del crédito. A Carolyn Frame, la encargada de préstamos del banco, no le hizo mucha gracia porque, entonces, los números del préstamo no salían. Por lo tanto, teníamos que demostrarle al banco algunos «factores de contribución» para que aprobaran la concesión del préstamo. Ante aquello, abrí la agenda y le enseñé a Carolyn mis objetivos (que estaban en el mismo formato en que aparecen en este capítulo). Después de aquello, Carolyn dijo: «Ahora que he visto sus objetivos escritos en esta hoja, puedo hacer que le aprueben el préstamo enseguida». Uno de los objetivos que le enseñé fue el de ser un escritor de éxito. Al ver mis objetivos escritos, vio que no éramos unos posibles clientes de riesgo y nos aprobó la solicitud.

➡ **Si también tuvieras escritos tus objetivos, ¿qué acabarías consiguiendo en la vida?**

Ahora vivimos felices en Bainbridge Island. ¡Otro de mis sueños hecho realidad! Pero, como puedes ver, este sueño va acorde con mi destino de hablar e inspirar a los demás; los objetivos y sueños de una persona deben interactuar; nunca deben entrar en conflicto entre ellos.

Mi próximo objetivo es comprar un terreno en Bainbridge Island, frente al mar, y construir allí la casa de mis sueños, con un faro diseñado especialmente para nosotros y que refleje mi amor por el mar y mi pasión por los faros. Ya he localizado la parcela, así que pronto empezaré a dar pasos para cumplir también este objetivo.

Cuando lo haga, el siguiente es comprar un piso en primera línea de mar en Kaanapali Beach, Maui, para que nuestra familia pueda pasar las vacaciones de invierno en el paraíso.

¿Cómo es la casa de tus sueños? ¿Dónde está? ¿En qué parte del país? Te animo a que visualices hasta el más mínimo detalle de este objetivo y que luego pases a la acción para poder hacer realidad tu sueño.

COLLAGE DE OBJETIVOS

Para que tus objetivos parezcan más reales y, por tanto, posibles de conseguir, apunta esta idea. Crea lo que yo llamo un «collage de objetivos». No es nada más que un mural con fotografías que representen tus objetivos. Créalo, cuélgalo en un lugar importante, donde puedas verlo a menudo. El despacho es un lugar excelente.

Un collage de objetivos tiene dos premisas: sirve de recordatorio visual de tus objetivos y, cuando has conseguido uno, te llena de satisfacción y de esperanza para conseguir los demás.

Y no me refiero a un collage pequeño. El mío tiene sesenta centímetros de alto por noventa de ancho. No te cortes, anímate; crea algo divertido, grande y emocionante que te ayude a perseguir tus sueños (los paneles de corcho funcionan de maravilla para esto). Pruébalo, ¡los resultados te encantarán! Asegúrate de incluir varias fotografías de la casa de tus sueños en el lugar en el que deseas vivir.

RESUMEN

Espero que a estas alturas te hayas dado cuenta de que escribir los objetivos no es un estorbo, un factor que limita, algo que «tienes que hacer». No, los objetivos te dan la libertad de saber que tu destino está definido y que ahora eres libre para perseguir exactamente lo que quieres conseguir en la vida. Sólo recuerda: pásatelo bien en todo momento. Como se suele decir: «¡El camino en sí ya proporciona parte de la diversión!».

Te prometo que, si respondes a las Preguntas Definitorias Vitales, no sólo tendrás una vida más plena, sino que también controlarás tu destino. ¡Los objetivos darán propósito y dirección a tu vida! Y, por tanto, nadie te cuestionará porque todo el mundo (y, sobre todo, tú) sabrá dónde estás y, lo que es más importante, adónde vas. El collage de objetivos se convierte en una fotografía de tu futuro, allí donde tú desees.

Por último, asegúrate de NO crear arrepentimientos al final de tu vida. ¡No te mueras con tu propia música en tu interior! Establece y prioriza los objetivos de manera que el mundo te escuche cantar y sienta tu música y que, al final, se beneficie de tus esfuerzos de un modo u otro.

CREA TU PLAN DE JUEGO ───────────

CAPÍTULO 3

Para obtener lo que quieres en la vida,
el primer paso es decidir qué quieres.

BEN STEIN

Espero que, a estas alturas, ya te sientas mejor respecto a tu destino, a las cosas positivas que puedes hacer y en lo que puedes convertirte. Te has hecho una imagen mental de tu destino y también has escrito objetivos específicos y al alcance de la mano que apoyan tu visión.

Sin embargo, el siguiente paso es el que, en la mayoría de los casos, impide que la gente logre sus objetivos. Normalmente, en este punto, suceden dos cosas:

- Frente a todas las oportunidades que se le presentan y el nerviosismo que esto provoca, una persona no sabe por dónde empezar. Literalmente, se queda «paralizada por el potencial».

- Alguien se lanza a toda velocidad a por un elemento en concreto del destino, empleando mucho tiempo, energía y dinero en una acción de «hagámoslo lo antes posible». Sin embargo, al igual que un caballo desbocado, esta explosión de energía suele ser mucho más visible que los resultados que produce.

Jean Cocteau lo explicó a la perfección cuando dijo:

¡La velocidad de un caballo desbocado no sirve de nada!

Entonces, ¿cuál es la respuesta? Creo que es sencilla: tienes que crearte un plan de juego, o un programa, que te ayude a navegar por el camino hacia el éxito. Si estuvieras a punto de emprender un viaje a través del país, ¿lo harías sin un mapa? Claro que no. Pues tampoco deberías empezar a caminar hacia tus objetivos y tu destino sin un programa en mente.

Otra manera de ver este concepto es: mucha gente con un sentido de la orientación bastante malo no emprendería ese viaje sin un mapa y una brújula, para poder así llegar a su destino. Al hablar de destino y objetivos, es importante utilizar las herramientas que puedan servirte de ayuda para llegar adonde quieres ir.

Una brújula, descrita como un aparato para situar los puntos cardinales, puede simbolizar tus objetivos. Por ejemplo, si decides que quieres ir al norte, necesitarás una brújula (unos objetivos) que te diga qué dirección tomar. Sin ella (los objetivos), quizá quieras ir al norte pero puede que te resulte terriblemente difícil. Igual que la brújula fue fundamental para los marineros que surcaban los mares antaño (y todavía hoy sigue siendo un objeto valiosísimo), los objetivos y el plan de juego también lo son para el largo viaje hacia tu destino.

El presidente John F. Kennedy es el mejor ejemplo de alguien que se marca unos objetivos, se apropia de una visión y crea un plan de juego para conseguirla. En un discurso previo a la sesión conjunta del congreso el 25 de mayo de 1961, el presidente Kennedy anunció el ambicioso objetivo de los Estados Unidos: enviar a un hombre a la Luna y hacerlo volver, sano y salvo, a la Tierra. Y dijo que lo harían en la década de los sesenta. ¿Qué te parece como visión?

Esta decisión implicó muchos análisis y una gran cantidad de dinero y esfuerzo humano para que el proyecto Apolo consiguiera su objetivo en 1969. Después de anunciar al mundo el objetivo en aquel discurso, se creó un plan de juego tremendamente ambicioso y se llevó a cabo durante ocho años con el esfuerzo del gobierno, la NASA e ingenieros y contratistas de todo el país.

Por desgracia, el presidente Kennedy no vivió para ver cumplido su objetivo. Fue asesinado en Dallas, Texas, el 22 de noviembre de 1963. El 20 de julio de 1969, el comandante del Apolo 11 Neil Amstrong y Buzz Aldrin, salieron del módulo lunar y pisaron la Luna mientras millones de personas en todo el mundo estaban pegados a la radio o al televisor para escuchar estas palabras: «Un pequeño paso para el hombre, un gran salto para la humanidad». Poco después, la tripulación del Apolo 11 volvió a casa sana y salva, y cumplió así la visión del presidente Kennedy.

El plan de juego que se estableció el 25 de mayo de 1961 cambió, para siempre, las fronteras de lo posible en cuanto a la exploración del espacio. Si fueras a crear un plan de juego para perseguir tu pasión y actuar cada día para conseguirla, ¿qué serías capaz de lograr en la vida?

Es una pregunta difícil porque, si eres como la mayoría, pensarás: «Sí, muy bien, tengo algunos sueños que me gustaría conseguir pero no tengo ni idea de por dónde empezar».

Si es tu caso, es extremadamente importante que trabajes con más cabeza, no más duro, para maximizar el poder de tu agenda personal e incorpores el uso de un planificador flexible para mejorar los hábitos diarios de tu vida. Por último, si haces todo esto y utilizas las hojas de objetivos del capítulo anterior, serás imparable y podrás conseguir cualquier plan de juego que establezcas. Echemos un vistazo a cada uno de los elementos que forman un plan de juego.

TRABAJAR MÁS CON LA CABEZA, NO MÁS DURO

> Cada minuto que inviertas en la planificación te ahorrará tres minutos en la ejecución.
>
> CRAWFORD GREENWALD

Soy un firme defensor del dicho «Una buena planificación previene una mala ejecución». ¿Te has preguntado alguna vez por qué, a los sesenta y cinco años, la mayoría de gente está muerta o arruinada? Creo que una de las principales razones por las que la gente termina así es una mala organización, una ausencia de planificación, los malos hábitos y una distribución del tiempo poco deseable. Muchos de los que fracasan no planean hacerlo, sólo fracasan en la planificación. Varios estudios han demostrado que la gente planifica más las vacaciones que la jubilación.

Ningún plan de juego está completo sin las siguientes tres maneras de trabajar con más cabeza, no más duro:

- Incorporar una agenda de calidad.
- Utilizar una planificación flexible.

- Desarrollar hábitos que te ayuden a controlar tu vida.

AGENDA

Una agenda es una de las mejores inversiones para ayudarte a ejecutar tu plan de juego a corto plazo y tu destino a largo plazo. Como se suele decir, debes «planear el trabajo y trabajar en la planificación», y una buena agenda te ayudará a hacerlo. En concreto, te permite confeccionar listas de las tareas que debes hacer para conseguir tus objetivos y, al mismo tiempo, dividirlas en obligaciones y responsabilidades diarias. Sólo podrás crear algo monumental a largo plazo si vives el día a día y consigues pequeños objetivos.

A continuación, te presento algunos elementos clave para crear una agenda mejor y cómo utilizarlos para sacarles el mayor partido:

- Debería tener un tamaño cómodo para ti. Es algo que querrás llevar contigo a todas partes. Por eso, querrás algo suficientemente pequeño y flexible. Evita esos productos de moda que son demasiado grandes y voluminosos para llevarlos encima. Las hay que superan los cinco centímetros de ancho. Me parece que no son las más adecuadas para poder llevar a todas partes.
- Debería ser lo suficientemente espaciosa. Querrás incluir mucha información. Y no sólo las citas diarias, claro, sino también los objetivos a largo plazo, tu Misión Personal y otros elementos relacionados con tu destino. Por todo ello, asegúrate de que la agenda que te compres posea suficiente espacio. A

mí me gusta que tenga un formato grande porque así, mientras conduzco, puedo echarle un vistazo. Pero repito, escoge el tamaño que sea más cómodo para ti. Recomiendo que, aproximadamente, sea de veinte por veinticinco centímetros y de menos de dos centímetros y medio de ancho. También recomiendo la agenda de semana a la vista, que encontrarás en mayoristas y tiendas especializadas en material de oficina.

- Planifica con antelación. Cuando encuentres una agenda que se adapte a tus necesidades, empieza a buscar la edición del año siguiente hacia el mes de octubre o noviembre. Personalmente, en diciembre empiezo a hacer muchos planes para el año siguiente y me va bien tener la agenda nueva para ir anotándolos.

- Compra sólo una agenda y guárdalo todo ahí. Sé que parece una tontería, pero te sorprendería la cantidad de gente que he conocido que tiene agendas, calendarios de pared y de mesa. Te recomiendo encarecidamente que no uses únicamente la agenda del ordenador. ¿Por qué? Porque quieres algo práctico, que puedas llevar siempre contigo. Incluso para los ordenadores portátiles tienes que cargar las baterías y no siempre puedes utilizarlos.

- No separes la información personal de la profesional. Esto está muy relacionado con el primer punto. La gente que quiere conseguir grandes destinos a largo plazo tiene objetivos que apoyan tanto la vida personal como la profesional. Por lo tanto, la agenda debería servir también para mantener estas dos áreas interrelacionadas.

- Escribe tus logros. Otra característica positiva de una agenda es que también puede convertirse en registro de tus logros, incluso en una deliciosa manera de saborear, a diario, las pequeñas victorias. Escribir y, posteriormente, revisar tus logros es una excelente manera de mejorar la confianza en ti mismo. Yo guardo todas mis agendas, y así podría decirte qué hice cualquier día desde que en 1991 me gradué en la universidad.

NOTA ESPECIAL

TELÉFONOS DE TERCERA GENERACIÓN

Las nuevas y poderosas herramientas electrónicas se llaman de tercera generación. Me parece que son unas herramientas increíbles para facilitarte la comunicación mientras estás en la carretera o para ayudarte a ser más organizado.

Estos aparatos de tercera generación son teléfono móvil, PDA (Asistente Personal Digital), cámara digital, correo electrónico inalámbrico y acceso a internet, y todo desde una unidad del tamaño de la palma de la mano. También se utilizan como plataformas para leer libros electrónicos, que es uno de los segmentos que más está creciendo en el sector editorial. Los libros electrónicos te dan la posibilidad de leer día y noche, sin tener que depender de la luz. Puedes leer con una mano y, cuando viajas, puedes llevar encima decenas de títulos.

Sin embargo, la agenda sigue ocupando un lugar privilegiado en la caja de herramientas, porque allí puedes tener fotos de la familia y las hojas de objetivos que creaste en el último capítulo. De este modo, tendrás esos recordatorios vayas adonde vayas. ¡Ten siempre a mano el teléfono de tercera generación y la agenda!

PLANIFICACIÓN FLEXIBLE

El segundo elemento para aprovechar más el tiempo es implementar la «planificación flexible». La primera vez que descubrí este concepto fue hace más de quince años, cuando leía un libro de Charlie Jones titulado *Life is Tremendous*. ¡Sin él, hoy no estaría donde estoy!

Para llevar a cabo una planificación flexible, te sugiero lo siguiente:

- Escribe, durante todo el mes, los plazos límite, las tareas y las responsabilidades.
- Cuando tengas esa lista escrita en la agenda (no en un hoja de papel suelta o en varias listas), simplemente prioriza cada punto según su importancia en relación a tus logros diarios. Por ejemplo, puede que un día tengas una lista de diez puntos. A simple vista, pueden resultar agobiantes, incluso abrumadores. Sin embargo, si los priorizas de mayor a menor importancia, puedes dedicar tus esfuerzos a una tarea en concreto en cada momento. Ten en cuenta que quizá, ese día no puedas terminar los diez puntos, o la cantidad que tengas. No pasa nada. Sólo tienes que repriorizar la lista del día siguiente basándote en lo que todavía te queda por hacer.

Como resultado de aplicar esta estrategia, progresarás a diario, porque realizarás las tareas más importantes del día. A continuación, te presento un pequeño ejemplo del aspecto que tiene hoy mi agenda:

LUNES, 19 DE ENERO DE 1998

6:00 h	A bordo del ferry de las 5:30 h (de Bainbridge Islad a Seattle, 35 min)
7:00 h	Avión Alaska Air 2700 (sale de Seattle a las 7:50 h; llega a Boise a las 10:05 h)
8:00 h	Leer el periódico
9:00 h	Comprobar el buzón de voz
10:00 h	Llamar a Dan (representante de atención al cliente de NW)
11:00 h	Cita MCMS
12:00 h	Comida MCMS
13:00 h	Enviar las facturas del mes
14:00 h	Devolver llamadas telefónicas
14:30 h	Cita con Hewlett Packard
etc.	

Puedes desarrollar tu propio sistema para marcar las actividades que has terminado. Te recomiendo que hagas un círculo al lado de cada actividad y luego, en lugar de tachar toda la actividad, marques con una cruz el círculo. Te servirá porque, si alguna vez tienes que mirar antiguas fechas, las actividades no estarán tachadas e ilegibles.

NOTA ESPECIAL

Añadirás o eliminarás, casi a diario, actividades de la lista. Si pones en práctica el concepto de la planificación flexible en el día a día, te garantizo que nunca volverás a pasarte de ningún plazo. ¿Cuánta gente puede decir eso?

Hábitos diarios
de un campeón mundial

Los hábitos son actividades que hacemos una y otra vez. Creo firmemente en la necesidad de programarme para hacer determinadas actividades en determinados momentos. Si lo planeo todo correctamente, y vuelvo a hablar de «planear», seré capaz de superar de largo lo que conseguiría sin un plan.

Si quieres experimentar un éxito tremendo en tu vida es importante que desarrolles hábitos saludables en todos los terrenos.

➡ **Lo mejor de los hábitos es que algunos estudios han demostrado que, si haces algo durante veintiún días seguidos, ello se convierte en un hábito y ya no tienes que pensar para hacerlo.**

A modo de ejemplo, a continuación te presento mi hoja de los «Hábitos diarios de un campeón mundial». Verás que he creado cuatro categorías principales: familia, fe, economía y salud, y lo he organizado así para intentar llevar una vida equilibrada. Puedes usar estas mismas categorías o inventarte las tuyas.

➡ **¡La ejecución del plan será la diferencia entre ganar o perder!**

Las acciones de hoy son los resultados de mañana. Estos requieren agentes campeones del mundo que lideren todas las áreas de su vida, que equilibren la familia, la fe, la economía y la salud a largo plazo y que, al mismo tiempo, mantengan la actitud mental positiva que quieren que tengan sus hijos cuando crezcan.

FAMILIA	FE	ECONOMÍA	SALUD
El doble de tiempo, la mitad de dinero	Misa los domingos	Trabajar de 7:00 a 18:00	Sólo comida saludable
Sábados por la noche con Cheryl	Reflexión diaria	Seguimiento rápido	No comer después de las 19:00
Leer a los niños 15 min	Enseñar a los niños	Querer contra necesitar	Nada de tentempiés calóricos
Muchas vacaciones familiares	Actividades de la iglesia	No desperdiciar el tiempo	8 vasos de agua al día
15 min de cocina	Aceptar lo que no se puede cambiar	Diversificar	Dormir de 22:30 a 6:30
15 min de colada	Conversaciones diarias	Panel de proyecto	Caminar tres km cada día
Escuchar sus necesidades	Teoría del copiloto	Negocio sin deudas	Ir al gimnasio los martes, jv. y sáb.
Protegerlos	Dar tiempo a cada cosa	Ahorrar de acuerdo con el plan	Hacer estiramientos dos veces al día

Insertar las hojas de objetivos

¿Recuerdas las hojas de objetivos que has creado en el Capítulo Dos? Bueno, pues existe otro truco para combinar las hojas y la agenda: pega las hojas en la cubierta interior de la agenda (y en las primeras páginas si es necesario). También puedes combinarlas en una sola, como te indico en mi página web: www.CreateYourOwnDestiny.com.

Ahora podrás revisar tus objetivos con frecuencia. ¡Te animo a que lo hagas, como mínimo, varias veces al mes! Esta continua reafirmación de tus objetivos perfilará más tu visión y te ayudará a priorizar las tareas y los plazos.

Otra manera de usar las hojas de objetivos es marcar, con una señal o con un rotulador fluorescente amarillo, los objetivos que ya has conseguido. Esta reafirmación positiva te demostrará que puedes conseguir metas importantes y te proporcionará el impulso y la confianza suficientes para conseguir los demás. El impulso es importante porque, a medida que se va apoderando de ti, es casi imposible de detener; piensa en pequeñas olas que, con el tiempo, se convierten en una ola gigantesca.

Para mejorar todavía más tu agenda, a continuación te propongo una lista de cosas que quizá también quieras añadir a las primeras página de la agenda, además de las hojas de objetivos:

- Tu Misión Profesional
- Tu Misión Personal
- Fotografías de tus seres queridos
- Tus citas de motivación preferidas
- Tus objetivos mensuales
- Tu collage de objetivos
- Fotografías de la casa de tus sueños

Ten en cuenta que es muy importante leer a menudo las hojas de objetivos. Llevarlas en la agenda es una idea maravillosa para poder tenerlas siempre a mano. ¿Cuántas veces te quedas sin hacer nada en un avión, haciendo cola, en la consulta del médico, en un atasco, en una llamada en espera, etc.? Con las hojas de objetivos a mano, cualquier tiempo «muerto» puede resultar muy productivo.

Aprovecha bien el tiempo porque tienes un objetivo: ¡conseguir tu destino! Recuerda lo que dijo Yogi Berra:

> Si no sabes adónde vas, seguro que acabarás en otro sitio.

RESUMEN

Crear un plan de juego es esencial para conseguir tus objetivos y, al final, tu destino. Permíteme que termine el capítulo con una historia sobre cómo utilicé el plan de juego para triunfar.

Mi mujer y yo finalmente compramos una parcela en Bainbridge Island y construimos en ella nuestra casa. Aunque supuso mucho trabajo, pudimos crear la casa que quisimos, desde cero. Ahora vivimos en una preciosa casa de 330 m^2 hecha totalmente a nuestra medida. Y, aparte de unas maravillosas características internas, también tenemos media pista de baloncesto con el aro encima del garaje que incluye:

- Una cubierta retráctil de fibra de vidrio de tres metros.
- Un techo de casi cinco metros y las paredes insonorizadas.
- Doce focos direccionales ocultos.
- Dos rejillas de calefacción.
- Las medidas reglamentarias pintadas en el suelo.

Como te puedes imaginar, es un sitio ideal para que los niños y yo juguemos al baloncesto cuando nos apetezca. De hecho, es tan grande que también podemos jugar al béisbol. De pequeño, yo nunca tuve un tablero de baloncesto en casa, así que me juré que mis hijos tendrían uno.

¿Y todo esto ocurrió «por casualidad»? No; tuvimos que planearlo, tomar decisiones y priorizar a cada paso del camino. La casa y la pista de baloncesto cubierta son el resultado de muchos años de planificación y ejecución pensadas al detalle.

En cierto modo, he creado una especie de gimnasio cubierto para mis hijos. Jugamos casi cada noche todo el invierno y compartimos muchos momentos de diversión y risas.

El resultado de crear y seguir un plan de juego es simple: por primera vez en tu vida tendrás una influencia positiva en la dirección que quieres que tome tu vida.

Si persistes en este proceso durante varios años, te darás cuenta de que la clave para crear tu destino eres TÚ, y no las circunstancias incontrolables. Es un sentimiento de libertad maravilloso. Deseo de todo corazón que lo experimentes.

Cuando hayas comprendido este concepto y hayas incorporado esta mentalidad a tu vida diaria, nada en el mundo podrá detenerte a la hora de conseguir lo que quieres.

Recuerda siempre que cualquier plan de juego ganador en la vida requiere que trabajes más con la cabeza, no más duro, mientras incorporas tres elementos distintos (aunque igualmente importantes):

1. Agenda/PDA (planificación)
2. Planificación flexible (flexibilidad)
3. Hábitos (ejecución)

Construye una riqueza real ⎯⎯⎯

Capítulo 4

Cuando llegue la prosperidad,
no la uses toda.

Confucio

En el último capítulo hemos hablado de la importancia de crear un plan de juego. Hay mucha gente que crea planes sólidos pero no dispone de los medio económicos necesarios para conseguir sus objetivos. Sienten que, antes de poder empezar a vivir sus sueños, necesitan una gran cantidad de dinero.

Algunos estudios demuestran que la mayoría de la gente, sencillamente, quiere más dinero, más tiempo, más libertad, más salud, más amor y más felicidad.

Sin embargo, la mayoría de los jóvenes sólo quieren un trabajo decente que les permita acceder al sueño americano de tener una casa y un coche en la puerta. Al mismo tiempo, los no tan jóvenes sólo quieren estabilidad económica y poderse jubilar algún día.

En este capítulo, introduciré algunos principios y herramientas para enseñarte a obtener más dinero, independientemente de tu edad o tu situación actual. Además, si juegas bien tus cartas, tener más dinero supondrá, al final, más tiempo y más libertad. No obstante, el dinero no puede comprarte más salud, más amor ni más felicidad.

En el mundo actual, el dinero es importante, pero hay mucha gente que confía en el juego o en la lotería porque les parece que es la única forma de hacerse ricas. Y no es verdad. Independientemente de tus circunstancias económicas, casi cualquier cosa que quieras conseguir está a tu alcance. Quizá tengas que trabajar en dos sitios a la vez o tener un negocio propio a tiempo parcial; en otras palabras, te puede costar mucho trabajo pero el dinero es una herramienta necesaria para crear la libertad. Y la libertad te proporciona el tiempo para perseguir tus objetivos.

La clave está en trabajar de forma inteligente y negociar más a menudo. En este mundo, gastas menos de lo que ganas o ganas más de lo que gastas. En cualquier caso, te pasarás gran parte de tu vida negociando alguna cosa, así que recuerda que siempre debes pedir más de lo que quieres para poder así conseguir lo que necesitas. Demasiada gente se pasa el día en el trabajo, viviendo para pagar las facturas y nunca tienen tiempo para aprender los principios de la creación de riqueza y la planificación económica.

➡ **Por lo tanto, nuestro desafío es sencillo: superar el asunto de la jubilación lo antes posible (invertir el dinero suficiente para poder hacerlo), y así poder ser libres para perseguir nuestro destino.**

EL TRABAJO ES UN VEHÍCULO TEMPORAL

Es crucial que entiendas que el trabajo no es más que un vehículo en el que te subes para hacer, básicamente, dos cosas:

- Ganar dinero para mantener a tu familia.
- Aprender para poder subir al siguiente nivel (sea el que sea).

Y ahora te voy a decir algo que seguro que no escuchas muy a menudo:

➡ **¡Creo que el trabajo está SOBREVALORADO! Eso es. Para mí, un trabajo sólo es un método para poder mantener a mi familia mientras persigo mis objetivos vitales.**

Adoptar esta filosofía respecto al trabajo te ayudará de muchas maneras. ¡La vieja filosofía de trabajar para una buena empresa para conseguir «seguridad laboral» ya no existe!

Tómate un minuto para digerir las alarmantes estadísticas que te presento a continuación acerca del nivel de descontento de los trabajadores y del estado de la seguridad laboral en la actualidad:

ABC News informó que, en septiembre de 2003, había nueve millones de parados en los Estados Unidos.

El *USA Today* dijo, hace poco, que el 50 % de los trabajadores estadounidenses confesaba que era «infeliz en el trabajo», y el porcentaje crece hasta el 66 % en zonas como Nueva Inglaterra. Mis amigos de Canadá me dicen que, allí, el porcentaje de personas infelices en el trabajo es todavía mayor.

El *USA Today* publicó que el 70 % de los trabajadores no cree que haya un equilibrio saludable entre la vida personal y la vida laboral.

La *Gallup Organization* demuestra que el 55 % de los empleados se siente enajenado en el trabajo; es decir, le dedica su tiempo pero nada de energía o pasión. No se identifica con su trabajo ni apoya los objetivos de la empresa. La consecuencia: más de trescientos cincuenta mil millones de dólares al año en pérdidas de productividad para la economía de los Estados Unidos.

La *CNN* informó que, durante el año que siguió a los ataques del 11 de septiembre, se despidió a más de un millón de trabajadores.

El *Center for Creative Leadership* anunció que el 40 % de los nuevos contratos acaban en cese.

Y no es problema que afecte únicamente a los Estados Unidos. Estos temas son una realidad en la mayor parte del mundo. De hecho, y en general, las condiciones laborables en el mundo son mucho más preocupantes que las de los Estados Unidos. Las cifras que he mencionado demuestran que la seguridad laboral y el nivel de satisfacción de los trabajadores forman parte del pasado.

En cambio, si queremos ganarnos bien la vida, tenemos que crear una «seguridad de ingresos». ¿Qué es eso? La seguridad de ingresos sólo se puede conseguir si entiendes dos estrategias básicas sobre el dinero y la riqueza que yo aprendí del multimillonario Ivey Strokes, un exitoso hombre de negocios que ahora es presidente y director de una empresa de internet y e-comercio muy importante. Las dos estrategias básicas son:

1. Cómo hacerse rico en el mundo empresarial actual.
2. Cómo utilizar cuatro principios de creación de riqueza.

MÚLTIPLES FUENTES DE INGRESOS

Durante mis primeros días como trabajador de una empresa, después de licenciarme en la universidad, me di cuenta de que por mucho que trabajara mis aumentos de sueldo eran mínimos, normalmente del 5 %. También me di cuenta de que, si quería conseguir todos los objetivos que me había propuesto en la vida, necesitaba mejorar el vehículo (el trabajo) que conducía. En otras palabras, tendría que diversificarme y crear múltiples fuentes de ingresos.

En realidad, es un concepto bastante sencillo: ingresas dinero de más de una fuente. En un marco ideal, cuantas más fuentes de ingresos tengas, más dinero recibirás. En la Bolsa y en el mundo de la inversión, todo el mundo sabe que hay que tener una cartera diversificada y bien equilibrada. Dicho esto, ¿no crees que es lógico tener, además, unas fuentes de ingresos diversificadas? Igual que no tiene sentido tener todo el dinero invertido en una acción, no tiene sentido que todos tus ingresos procedan de una única fuente.

A continuación, te presento una lista de las múltiples fuentes de ingresos de mi familia:

- Tarifas de las conferencias de motivación.
- Tarifas del coaching de objetivos.
- Tarifas por publicidad y producción literaria.
- Ventas de este libro y el CD de audio.
- Ventas de un segundo libro, un libro de ejercicios y un vídeo.
- Nómina.
- Nómina de mi mujer.
- Intereses de varias inversiones.
- Ingresos residuales de un negocio propio.

Negocio propio

Otra fuente de ingresos adicionales muy común es crear un negocio propio desde casa. Mucha gente también ha intentado (y lo ha conseguido) empezar negocios de net-marketing. El netmarketing (también conocido como venta directa o negocio multinivel) es una manera legítima de diversificar ingresos y ganar dinero trabajando desde casa, sin tener que hacer una gran inversión para empezar. Según la Direct Selling Association (DSA), hay once millones de estadounidenses trabajando en netmarketing. Y, en todo el mundo, muchos más millones han escogido este vehículo para ganar dinero con un negocio desde casa. He conocido a varias personas que, con el netmarketing, han trabajado muy duro y se han convertido en multimillonarios, así como otros que apenas han trabajado y no han conseguido casi nada. Como en cualquier otra cosa, del netmarketing obtienes lo que inviertes.

Personalmente, me he involucrado dos veces en este sector. En tres años, gané un total de doce mil dólares trabajando una noche a la semana desde casa. Hoy ya no estoy activamente involucrado en el netmarketing (durante los últimos cinco años he preferido concentrar mis esfuerzos en mi carrera de conferenciante y en la promoción de mi libro), pero todavía sigo fiel a la idea de crear otras oportunidades de ingresos a parte de la nómina mensual. Sin embargo, muchos de mis mejores clientes sí están activamente involucrados en esta industria.

Si quieres trabajar desde casa y tener tu propio negocio pero no tienes ni idea de qué negocio crear, te recomiendo que visites mi página web www.CreateYourOwnDestiny.com. Abre el apartado de «Material gratuito» («Free Stuff») y descárgate e imprímete una copia de:

50 Ideas de Negocios desde Casa (50 Home-Based Business Ideas) (que puedes empezar con menos de 500 dólares).

Cuando empiezas un negocio por tu cuenta, debes estar seguro de cubrir una necesidad del mercado. Es una de las claves para tener éxito en el mundo empresarial, y para garantizar el éxito, hay que investigar mucho. Ya no hay mucha gente que venda cintas de ocho pistas o máquinas de escribir. ¿Lo entiendes?

Ya sea a través de un negocio propio o a través del netmarketing, el objetivo sigue siendo el mismo: ¡crear el negocio una vez y ganar dinero toda la vida!

➡ **IMAGÍNATE cómo te SENTIRÍAS si por la mañana al despertarte supieras que, tanto si te levantaras como si te dieras media vuelta, las facturas del mes estarían pagadas.**

Sería una sensación increíble, y la única manera de experimentar este sentimiento de mayor libertad es crear tu propio negocio.

NOTA ESPECIAL

Todas mis actividades extra están encaminadas a producir ingresos, claro, pero también están relacionadas con mi destino y mis objetivos, que son ser una influencia positiva para la gente a través de mis conferencias, mis libros y mi coaching. Intenta, en la medida de lo posible, combinar el generar ingresos adicionales con tus objetivos y el destino final de tu vida.

¡IMAGINA LO QUE PUEDE HACER POR TI EL NEGOCIO ADECUADO!

Imagina que, cada año, pudieras tomarte seis meses libres y viajar donde más te apeteciera sin tener que pedirle permiso al jefe.

Imagina que pudieras vivir en la casa de tus sueños y en el lugar donde siempre habías deseado.

Imagina que, además de la casa de tus sueños, tuvieras una segunda residencia que tú y tu familia pudierais disfrutar durante muchas generaciones.

Imagina que tuvieras tanto dinero que pudieras escoger qué negocio quieres crear en lugar de tener que trabajar por necesidad.

Imagina que tus hijos pudieran ir a la universidad que quisieran en vez de la que puedas pagarles.

Imagina que cada año pudieras extender un cheque de cien mil dólares, o más, y donarlo a la organización benéfica que más te guste.

Imagina que pudieras dedicar el resto de tu vida a ayudar a los más necesitados.

Imagina que pudieras experimentar la sensación de tener más tiempo, más dinero, más libertad, más salud, más amor y más felicidad.

Está bien. Cuando crees tu propio negocio en un sector que te apasione y vendas tus productos y servicios en grandes cantidades, cambia esos «Imagina que» por «Imagina cuando». Es así de fácil. Ésta es la fórmula.

Lo que necesitas para conseguir prosperidad económica a través de un negocio propio es seguir este plan de juego a diario.

Sé lo que algunos debéis de estar pensando: que conocéis a muchos propietarios de negocios propios que ahora se pasan setenta u ochenta horas a la semana trabajando. No tienen tiempo libre y, obviamente, nada de libertad. Estoy de acuerdo en que hay muchos empresarios autónomos que han acabado atrapados en esta situación.

Sin embargo, el tipo de negocios que promulgo son de los que se pueden gestionar desde la comodidad del hogar. Por eso, durante años me han llamado defensor de los negocios propios desde casa. También creo que te irá mejor subcontratar tus necesidades en lugar de contratar empleados.

Sé qué otra cosa estarás pensando: ya he intentado crear mi propio negocio en el pasado y fracasé. Bueno, a todos nos ha pasado alguna vez que el coche nos ha dejado tirados en la cuneta de la carretera.

Y la realidad es que no dejamos de conducir o nos vamos andando el resto de nuestra vida a todas partes porque, una vez, se nos estropeó el vehículo. En lugar de eso, nos compramos otro. Pues en los negocios propios se aplica el mismo principio.

EJERCICIO

Siéntate unos minutos y piensa cómo podrías generar ingresos adicionales. Luego, haz una lista lo más larga posible:

1. --------------------------- 4. ---------------------------------
2. --------------------------- 5. ---------------------------------
3. --------------------------- 6. ---------------------------------

Ahora elige una actividad. ¿Qué pasos tendrías que dar para poner esta idea en marcha? ¿Qué puedes empezar a hacer desde ahora mismo para hacerla realidad?

NOTA ESPECIAL

Independientemente de la idea que decidas poner en práctica, asegúrate de que no pones en peligro la nómina de tu trabajo. He visto cómo despedían a mucha gente por dedicarse a su nuevo negocio en horario laboral. ¡Debes aprender a separar las dos cosas! Se dice que trabajas de nueve a cinco para vivir, pero que trabajas de cinco hasta medianoche para tener una vida. Por último, asegúrate de que la oportunidad de generar ingresos adicionales que escojas sea coherente con los siguientes Principios de Creación de Riqueza.

RIQUEZA 101

Según la publicación *Personal Wealth*, del Internal Revenue Service (IRS), a principios de la década de los noventa, la riqueza acumulada de los Estados Unidos rozaba los quince billones de dólares. En un estudio más reciente publicado por Merrill Lynch a finales de 2003, la riqueza personal en los Estados Unidos había aumentado hasta los veintisiete billones de dólares. Sin embargo, ¡el 90 % de la riqueza está repartida entre el 10 % de la población! La siguiente pregunta debe ser:

➡ **¿Qué sabe ese 10 % que el 90 % restante desconoce?**

La respuesta es que el 10 % entiende que el camino más rápido hacia la riqueza es a través de los negocios propios. También sabe cómo producir, ellos por sí mismos, activos generadores de ingresos (a través de la propiedad de un negocio y el patrimonio neto). Vamos a analizar cada uno de estos conceptos tan importantes:

LA DEFINICIÓN DE RIQUEZA SEGÚN EL SENTIDO COMÚN

Según Ivey Stokes, la riqueza se puede definir así:

➡ **Ser propietario de «activos generadores de ingresos» que te permiten vivir como quieres sin tener**

que trabajar la semana que viene, el mes que viene, el año que viene o durante muchos años.

La riqueza generada por estos activos puede mantener a tu familia durante varias generaciones. Dicho de otra manera, la riqueza sirve para medir la libertad que te proporciona, no tu nivel de ingresos. Esto debe de sonar a chino a muchos estadounidenses que intentan hacer alarde de riqueza o transmitir la percepción de riqueza acumulada mediante su elevado nivel de vida. Por desgracia, esta actitud conduce a las deudas y a un estilo de vida consumista que inhibe cualquier habilidad para crear activos generadores de ingresos.

¿QUÉ ES UN ACTIVO GENERADOR DE INGRESOS?

Para ponerlo de forma sencilla, es algo que reporta beneficios. Un activo generador de ingresos suele ser una inversión económica que da beneficios (como las acciones o los fondos de inversión). El sector inmobiliario o un negocio propio también se consideran activos generadores de ingresos. Tener una propiedad alquilada, por ejemplo, te asegura unos ingresos cada mes. En muchos casos, una combinación de todos se convierte en un activo generador de ingresos muy sólido. El concepto básico es crear un activo que, durante muchos años, genere ingresos para ti y tu familia. Por ejemplo, si creas un activo de quinientos mil dólares durante varios años que te reporta un beneficio anual del 10 %, cada año recibirías cincuenta mil dólares en beneficios. Si esta cantidad pudiera sostener tu nivel de vida, podrías considerarte rico, aunque no tuvieras millones en el banco, porque tendrías la oportunidad de decidir si quieres volver a levantarte por las mañanas para ir a trabajar o no.

CARACTERÍSTICAS DE LA RIQUEZA

Según Ivey, la mayoría de los estadounidenses ricos tiene su propio negocio de venta productos o servicios en masa a la población del país. Son conscientes que la clave está en la distribución porque vender en masa implica llegar a mucha más gente en muchos lugares.

Por lo tanto, se asocian con otros empresarios para crear riqueza mediante la distribución en masa. Para cualquiera que quiera ser rico, esto es de vital importancia:

➡ **¡La clave de la riqueza está en el negocio propio, no en la nómina de una empresa!**

Un día, mi hermano mayor me preguntó cómo ganar mucho dinero. Pensé que, para ser niños, era una pregunta bastante buena. Supongo que pensé que con la paga semanal de mis padres no tenía suficiente. Le respondí: «¡Sólo tienes que crear tu propio negocio y vender productos y servicios en masa a clientes de todo el mundo!». Lo entendió enseguida; es así de sencillo.

Ivey pone a Bill Gates como ejemplo. El señor Gates no se ha convertido en el hombre más rico del mundo porque sea el mejor creador de software, sino porque es el mejor vendedor de software en masa del mundo.

NEGOCIO PROPIO Y PATRIMONIO NETO

La riqueza se consigue ganando o comprando acciones de una o más empresas durante las primeras etapas de la vida y, después, dejando que esas acciones o cualquier otra «inversión» se revalorice. En el sector inmobiliario, todo el mundo sabe que comprar una casa es más rentable que alquilarla. Si estás de acuerdo con esta creencia, ¿por qué crees que hay tantos estadounidenses que alquilan sus habilidades profesionales a un empresario que no les ofrece acciones? Visto así, un trabajo es como un alquiler, a menos que conviertas las acciones en patrimonio neto.

Por lo tanto, si estás trabajando (mientras, por otro lado, persigues tu sueño), asegúrate de que la persona para la que trabajas te ofrezca acciones de la empresa. Con ellas, serás propietario de un negocio. Y, como resultado, trabajarás mejor y, a largo plazo, ganarás más dinero.

¿Cómo creo un activo generador de ingresos?

Ivey Stokes defiende que la clave está en ejecutar sus cuatro principios de creación de riqueza:

Principio n.º 1: Tener tu propio negocio

El 97 % de los estadounidenses económicamente independientes tiene su propio negocio, lo que le da acceso a grandes ventajas fiscales.

Principio n.º 2: Financiación ajena de los activos

Multiplica el potencial de tus ingresos mediante el esfuerzo, el tiempo, el talento y la educación de los demás, y multiplica tu liderazgo mediante asociaciones selectivas. Esto te permitirá ganar el 1 % del esfuerzo de los demás en lugar del 100 % del tuyo.

Principio n.º 3: Derechos de autor/Ingresos residuales

Haz el esfuerzo una vez y, luego, recibe ingresos residuales durante años. Un libro o un programa de *software* son buenos ejemplos: un best seller se vende durante años y años aunque el autor sólo lo escribiera una vez.

Principio n.º 4: Aprovéchate de las modas

Estar en el lugar adecuado en el momento idóneo puede marcar la diferencia. ¿Cómo puedes aprovecharte de las modas que prometen llegar lejos?

La filosofía de Ivey Stokes sobre la creación de riqueza es lo único que he aprendido sobre este tema. Y, gracias a esta lección, ¡mi familia y yo nos beneficiaremos de ella durante toda la vida!

Con los años, también he pensado que hay un quinto principio que creo que debería añadirse a los de Ivey:

Principio n.º 5: Conoce y confía en las personas con quien trabajas

Algunas personas son como tiburones, sólo se embarcan en una aventura para obtener beneficios personales. Ten cuidado con quien haces negocios. Con los años, he descubierto una excelente manera de saber en quién puedes o no confiar. Es tan sencillo como analizar cómo te miran. Si, durante una conversación, la otra persona no deja de mirar a otro lado, es insegura o está mintiendo. En cualquier caso, deberías intentar evitar hacer negocios con gente así, a menos que quieras pillarte los dedos.

NOTA ESPECIAL

Dos de los mayores agujeros para la economía son los impuestos y los intereses. Cuando empiezas a sumar lo que estos dos enemigos de la economía suponen para tu presupuesto, te quedas helado. Te animo a que, un día, te sientes y sumes todo el dinero que gastas, durante un año, en impuestos (un buen censor de cuentas puede ayudarte a reducir el gasto fiscal) e intereses (de las tarjetas de crédito, los créditos de estudiante, la hipoteca, las letras del coche...). Cuando lo hayas hecho, te aconsejo que hagas dos cosas para minimizar estos enemigos:

1. Pon en marcha un negocio propio desde casa, con lo que obtendrás grandes ventajas fiscales.
2. Pide prestado el menor dinero posible a los bancos.

OTRA DEFINICIÓN DE RIQUEZA

La riqueza también se puede definir como disfrutar de abundancia económica y paz emocional. Y a eso se puede llegar al tener más tiempo, dinero, libertad, salud, amor y felicidad en tu vida.

➡ **La mejor opción para alcanzar la riqueza es combinar el trabajo desde casa con la propiedad de un negocio en tu sector.**

SÉ CONSCIENTE DE DÓNDE ESTÁS

Como posiblemente ya debes saber, controlar la economía personal es complicado y desafiante. A continuación, te presento algo que he desarrollado a lo largo de estos años para poder controlar mejor mis finanzas, y posiblemente a ti también te sirva. Asimismo, se ha convertido en una herramienta increíble para asegurarme que, cada mes, pago todas las facturas. (Véase el Proyeto para la Creación de Riqueza de la página siguiente.)

Según el libro *The Millionaire Next Door* de Thomas Stanley y William Danko, el valor neto ideal de una persona sería el siguiente: 1/10 de la edad por los ingresos anuales. Creo que el Proyecto para la Creación de Riqueza es una forma excepcional de que veas, con un solo vistazo, todas tus inversiones, deudas y valor neto general. Yo lo actualizo cada mes. Te aconsejo que anotes el número de cuenta y el teléfono de las instituciones financieras para poder tenerlos más a mano si los necesitas. Incluso lo utilizo para pagar las facturas; cuando las recibo, las anoto y cuando las pago, las tacho.

Plantéate crear tu propio Proyecto para la Creación de Riqueza para poder controlar tu futuro económico. Cuando lo tengas, es muy fácil ir actualizándolo cada mes. ¡Es muy gratificante ver cómo el activo crece y el pasivo disminuye!

Recuerda, la riqueza no se consigue de un día para otro. Puedes tardar varios años en alcanzar un punto en el que ya nunca más tengas que preocuparte por el dinero.

Otro libro muy recomendable sobre el tema de la riqueza es *El millonario automático* de David Bach, autor que también se ha conseguido colocar entre los libros más vendidos del *New York Times* con los títulos *Finanzas familiares: las parejas inteligentes consiguen lo que se proponen, cómo conseguir seguridad financiera y alcanzar sueños* y *Las mujeres inteligentes acaban ricas: 7 pasos para conseguir seguridad financiera y alcanzar sus sueños.*

Fórmula del éxito en ventas

Según un especialista en ventas amigo mío, Brian Olson (www.RivendellGroupltd.com), sólo existen dos razones psicológicas básicas que explican las decisiones de la gente a la hora de comprar. Estas dos razones son: el miedo a perder y la esperanza de ganar. Mi fórmula del éxito en las ventas te ayudará a cerrar más acuerdos ahora que sabes por qué los consumidores compran.

Independientemente de si vienes del sector de las ventas o no, como nuevo empresario tienes que vender. A pesar de que jamás lo hayas hecho, tienes experiencia, aunque no te lo creas. ¿Cómo puedo explicarlo? Es fácil: cada día, ¡todos vendemos algo!

Intentamos vender a nuestra pareja, nuestros padres, nuestros hijos, nuestro jefe, nuestros empleados, etc., lo importante que somos en sus vidas. Esto es vender y lo haces cada día.

Entonces, y teniendo en cuenta la intensa competitividad del mercado actual, ¿cómo podemos ser mejores vendedores en nuestro propio negocio? Después de más de diez años en el mundo de las ventas empresariales, he aprendido y desarrollado una fórmula del éxito en las ventas. Esta fórmula se ha convertido en mi mantra.

Cuando tienes un sueño, estás haciendo una venta o desarrollando una relación, recuerda que lo que se necesita para tener éxito ($) es confianza (C), respeto (R) y necesidad (N). Simplemente, ten esto en mente:

$$C + R + N = \$$$

¿Y cómo podemos utilizar esta fórmula para tener más éxito (incluido un mayor volumen de ventas en nuestro negocio) en todas las áreas de nuestra vida? La respuesta es que a la gente le encanta hablar de sí misma. Los me-

PROYECTO DE CREACIÓN DE RIQUEZA

PAGO		CUENTA	TELF.	BALANCE
ACTIVOS	(INVERSIONES)			
_____	Casa			
_____	Inversiones	_____	_____	_____
_____	Acciones A	_____	_____	_____
_____	Acciones B	_____	_____	_____
_____	Etc.	_____	_____	_____
_____	Plan de pensiones	_____	_____	_____
_____	Plan de ahorros etc.	_____	_____	_____
	Total:			_____
GASTOS	(UTILIDADES)			
_____	Factura A	_____	_____	_____
_____	Factura B	_____	_____	_____
_____	Factura C etc.	_____	_____	_____
	Total:			_____
DEUDAS	(PRÉSTAMOS)			
_____	Préstamo A	_____	_____	_____
_____	Préstamo B	_____	_____	_____
_____	Préstamo C	_____	_____	_____
_____	Préstamo D etc.	_____	_____	_____
	Total:			_____

Valor neto =
Total Inversiones – Total (Préstamos + Utilidades): _____

jores vendedores del mundo lo han descubierto e intentan no dominar nunca las conversaciones con los clientes. El objetivo es hacer muchas preguntas, descubrir las necesidades de los clientes y explicarles, brevemente, cómo los productos y servicios de tu empresa las cubrirán. Luego, es imperativo que calles y dejes que los posibles clientes hablen de por qué creen que deberían comprar tus servicios… ¡mientras tú escuchas!

El arte de escuchar es una de las herramientas más poderosas en el mundo empresarial pero, por desgracia, casi nadie la exprime del todo. No puedes aprender nada mientras hablas. En resumen:

➡ **Los amigos compran a sus amigos; la gente compra a quien les cae bien.**

Si quieres vender más, haz más amigos. ¡Así de sencillo! Y la mejor manera de hacerlo es hablar menos y escuchar más. Haz preguntas amables para conocer mejor a tus posibles compradores. Así, te ofrecerán un mayor nivel de confianza y respeto. Después, si puedes cubrir sus necesidades, te habrás asegurado hacer negocios con ellos casi siempre.

Necesitamos hablar un 10 % del tiempo y dejar que los posibles compradores hablen durante el 90 % restante. Si aplicas mi fórmula del éxito en las ventas tanto en tu vida profesional como en tu vida personal, te sorprenderá lo deprisa que consigues un nuevo nivel de riqueza en tus relaciones y en tus finanzas. Y el resultado será: disfrutarás de más dinero y más felicidad en tu vida.

HAZ LO QUE TE GUSTE

Crear riqueza es la clave para conseguir las tres cosas que la gente más desea: más tiempo, más dinero y más libertad, la libertad que necesitas para, al final, poder realizar tu destino. Más adelante comentaré cómo conseguir más salud, más amor y más felicidad. En mi caso, por ejemplo, para realizar mi destino de ayudar a los demás, no dudaré ni un segundo en diversificarme y, al mismo tiempo, en aumentar mi riqueza.

Mucha gente ignora la importancia de la diversificación en sus vidas. Recuerda que, desde un punto de vista inversor, jamás deberías poner todo tu dinero en una sola acción o en una única inversión. Por lo tanto, ¿por qué ibas a tener sólo tu trabajo como una única fuente de ingresos?

Muchas veces, cuando planteo esta pregunta, la respuesta es: «¿Qué pensaría mi jefe si supiera que tengo otras fuentes adicionales de ingresos?». Y la solución es muy sencilla: ¡no le digas que tienes un negocio propio en casa!

En segundo lugar, asegúrate de que tu negocio no interfiere en tu trabajo diario. Ten en mente que muchos presidentes y directores generales se ven recompensados, de una manera u otra, al formar parte de consejos de dirección de otras empresas, aparte de la propia. Mi opinión es que lo hacen, básicamente, y entre otros motivos, para diversificar sus ingresos, ¡y tú deberías hacer lo mismo!

➡ **Recuerda que tu jefe no es tu amo, sólo te da trabajo a partir de las habilidades que demuestras.**

Debes diversificarte, ya sea trabajando en dos sitios, creando tu propia empresa o empezando un negocio desde casa. Sólo entonces podrás empezar el camino hacia la auténtica libertad económica y la riqueza, y avanzar más deprisa hacia tu destino.

Sin embargo, para poner la riqueza en una perspectiva distinta, debo advertirte que te alejes de la trampa del materialismo e intentes mantenerte en contacto con los vecinos de tu comunidad. A veces, puede tener resultados catastróficos. Después de todo, fue Sócrates quien dijo:

Rico es quien con poco se contenta.

Te animo a que, cada mes, concentres tus energías en mejorar tu Proyecto de Creación de Riqueza. Si lo haces, verás como tus activos crecen al mismo tiempo que los pasivos disminuyen. Con el tiempo, y si ejecutas de manera adecuada los principios de riqueza que hemos expuesto en este capítulo, verás minimizados tus desafíos económicos.

➡ **La clave está en buscar en tu alma lo que te apasiona y convertir esa pasión en una oportunidad o en un negocio propio. Cuando te dediques a lo que te gusta, NUNCA más tendrás que volver a levantarte para ir a trabajar.**

Esto te liberará para perseguir con más empeño tu destino y disfrutar de más tiempo, más dinero y más libertad.

El concepto de hacer lo que te gusta (en el contexto de crear riqueza) me recuerda lo que Danny Chew, bicampeón de la Race Across America (RAAM), el ciclista del millón de millas, dijo después de ganar la prueba:

Cuando haces algo que te apasiona, tu corazón desprende un flujo de energía aparentemente infinito que te da el poder para hacer realidad lo que te propongas.

A Danny, esta creencia le permitió ganar la RAAM en dos ocasiones después de pedalear veintiuna horas diarias durante ocho días seguidos. Si tú también hicieras lo que te gusta, ¿qué te permitiría conseguir esa energía aparentemente infinita?

Resumen

Romper la dependencia del trabajo diario y crear una riqueza real no es fácil, como verás por mis experiencias personales. Sin embargo, mientras aprovechas tu recién descubierta energía, seguro que empiezas a ganar dinero. Por lo tanto, recuerda siempre lo que mi padre me enseñó: que puedas permitirte comprar algo no siempre significa que debas hacerlo. El objetivo es invertir lo máximo que puedas en un fondo de emergencia o en una cartera de inversión para poder conseguir un mayor nivel de paz mental.

Cuantos más juguetes compres, menos dinero invertido y trabajando para ti tendrás. Y esto, a su vez, implica que ganas menos intereses de los que podrías si aprendieras a gastar menos y ahorrar más.

Tu economía personal siempre es el pilar central de la creación de riqueza. Si quieres, puedes verlo como un juego que tiene unas consecuencias muy serias. Toma como ejemplo el Monopoly. Cuando se te acaba el dinero, se acaba la partida. Y en la vida real sucede lo mismo.

Por lo tanto, nuestro desafío es no quedarnos nunca sin dinero. Si eres como yo, que invierto una gran cantidad de tiempo, dinero y energía en un negocio para generar un activo generador de ingresos, te puede resultar duro.

Después de haber invertido casi todos mis ingresos y mis ahorros en un negocio propio y de haber sido despedido en dos ocasiones, estuve a punto de quedarme sin dinero y ver cómo mi partida se acababa.

Nos encontramos con que, en un momento u otro, siempre nos cortaban la electricidad, el agua, el teléfono de casa, el teléfono del despacho o los móviles. Estuvieron a punto de embargarnos los dos coches. También nos quedamos a un par de meses de perder la casa familiar que habíamos construido en 1996.

Estoy infinitamente agradecido a mi preciosa mujer Cheryl, por darme todo su apoyo. Su sueldo como fiscal del estado pagó la hipoteca y llevó comida a la mesa durante aquella época económicamente turbulenta. Dadas las circunstancias que estábamos atravesando, fue el ángel de la guarda que mantuvo a la familia unida. No sé si habría podido superar aquel proceso sin ella a mi lado. Es una mujer increíble, una abogada excelente y una madre de primera.

Aquella época fue terriblemente dolorosa para mi familia y para mí. Y aunque mi mujer, mis hijos, mis padres y mis amigos seguían confiando en mí, algunas personas de mi círculo más cercano perdieron esa confianza e incluso me animaron a dejar de perseguir mi sueño de ser un escritor de éxito y un conferenciante de fama mundial y a que me buscara un trabajo normal.

Sin embargo, la CREENCIA en mi VISIÓN me empujó a seguir luchando, y ahora he convertido mi propio negocio en un activo generador de ingresos que me proporciona miles de dólares al día por dar conferencias, seminarios y coaching. Como consecuencia de haber creado este activo, NUNCA más volveré a pasar por las dificultades económicas que pasé en aquellos años.

Y, lo que es más importante, después de todo este proceso soy más libre porque mi familia ya no depende de las empresas estadounidenses para cubrir sus necesidades.

➡ **A través de este proceso de perseguir mis sueños, mantener a mi familia e intentar sobrevivir económicamente, he aprendido que, en la vida, todo lo que vale la pena conlleva cierto riesgo. También he aprendido que, si mantienes un compromiso con**

tus visiones y haces algo cada día para alcanzar tus objetivos, NADA podrá evitar que realices tu destino.

Ahora te reto a que hagas lo mismo que yo: descubre tu pasión y crea tu propio activo generador de ingresos que te mantendrá a ti y a tu familia de por vida. AHORA es el momento, y la MEJOR inversión que puedes hacer es en ti mismo y tu futuro. Si lo haces, crearás una riqueza real para tu familia.

EJERCICIO

¿Qué puedes hacer, ahora mismo, para invertir en ti mismo y empezar a crear una riqueza real para ti y tu familia?

Antepón la familia al trabajo

CAPÍTULO 5

Saber para quién trabajas no tiene precio.

ANUNCIO DE MASTERCARD®

¿Has visto el anuncio de MasterCard® donde aparecen un padre y su hijo nadando en unas aguas cristalinas de alguna isla exótica tropical? Mientras ves esta escena, el narrador dice: «Saber para quién trabajas no tiene precio». Es, sin lugar a dudas, mi anuncio preferido. ¿Por qué? Porque el padre tiene claras sus prioridades.

En el último capítulo, hemos hablado mucho de economía y de crear una riqueza real. Pero en la vida hay más cosas aparte de perseguir la riqueza. El dinero es importante, pero estaremos de acuerdo en que nuestros hijos, y los hijos de los demás, son mucho más importantes.

Al final, cuando ya todo está dicho y hecho, son muy pocos los que, en el lecho de muerte, desearían haber pasado más tiempo en el trabajo lejos de su familia. En realidad, suele ser al revés. La mayoría desearía haber pasado menos tiempo en el trabajo y más con su familia. Te animo a que, a partir de hoy mismo, antepongas la familia al trabajo.

Al hacerlo, aprenderás la verdad de una de mis citas preferidas, una que mi madre me dijo hace poco. Este poema es para vosotros, padres, que hacéis auténticos equilibrios para cubrir las necesidades básicas de vuestros hijos: comida, hogar y amor.

> Dentro de cien años…
> No importará
> cuánto dinero tenía en el banco,
> en qué casa vivía,
> ni qué coche conducía.
> Sin embargo, puede que el mundo sea mejor
> porque fui importante
> en la vida de un niño.

El problema de hoy en día es que la gente trabaja tan duro y tantas horas que apenas puede pasar tiempo con sus hijos.

Este hecho, combinado con otras realidades difíciles que se desprenden de trabajar en una economía como la actual, ha elevado el descontento de los trabajadores a niveles alarmantes. ¿Formas parte de ese 50 % que el *USA Today* publica que es «infeliz en el trabajo»?

Durante más de diez años llamando por teléfono para vender productos, he seguido varios casos de despidos y he entrevistado, literalmente, a miles de trabajadores descontentos. Como conclusión, he hecho una lista de:

¡LAS DIEZ PRIMERAS RAZONES POR LAS QUE MI TRABAJO ES UN ASCO!

10. Vacaciones insuficientes.
9. No tienes deducciones fiscales por ser empleado.
8. No te pagan las horas extra y trabajas los fines de semana.

7. Haces viajes de negocios que te quitan tiempo para estar con la familia.
6. Nadie cubre los desplazamientos diarios.
5. No te respetan y no te ofrecen seguridad laboral.
4. Sueldo muy bajo y no eres propietario del negocio.
3. Tienes miedo de que te despidan.
2. Trabajas con una panda de «estirados».
1. Tu jefe es un «idiota».

Aunque pueda sorprender, la principal razón del descontento de un trabajador, por lo que he podido descubrir, es que no se lleva bien con el jefe.

¿Cuál de estas razones contribuye más a tu nivel de descontento en el trabajo? Piensa en esto un segundo: si tuvieras tu propio negocio, ¿sería válida alguna de estas diez razones?

Como defensor de los negocios propios, tengo la esperanza de que si el capítulo anterior no te convenció de los muchos beneficios de tener tu propio negocio, este capítulo sí lo haga. Y a todos aquellos que ya tomasteis la decisión y ahora estáis pasando por una mala época, espero que este mensaje refuerce vuestra decisión de seguir adelante a pesar de todos los obstáculos.

MI FAMILIA

El abuelo de mi mujer solía decir:

> No te pases el tiempo intentando construir una vida porque, de esa manera, ¡no vives!

Tenía razón, pero garantizar la seguridad económica de tu familia puede ser un gran reto. No sucede de manera automática, como has podido ver en mi caso.

Me gradué en la universidad de Montana en junio de 1991, tres años y medio después de dejar Albion a mitad del primer año debido a la lesión en la espalda.

Cuando empecé la universidad, uno de mis objetivos era conseguir sacarme el título en cuatro años, pasara lo que pasara. Para aquellos que estéis empezando la universidad, o la empecéis pronto, os animo a que hagáis lo mismo. ¿Por qué? Porque tiene muchas ventajas, como por ejemplo:

- Tener uno o dos años más de experiencia laboral que aquellos que se lo toman con calma y deciden sacarse la carrera en seis años.
- Ahorrar una suma considerable de dinero en matrículas.
- Ganar un buen sueldo en tu primer trabajo después de la universidad.
- Combinando los dos últimos puntos, resulta que has ganado una suma considerable.

- Conseguir una situación económica estable para comprar una casa y formar una familia antes que los demás.

¿Cómo puedes lograr este objetivo si la mayoría de instituciones defienden que la universidad es un proyecto a cinco o seis años? Obviamente, se rigen por el sistema Tommy Boy, un plan de juego de seis años para graduarse en la universidad (*Tommy Boy*, protagonizada por Chris Farley, es una de mis comedias preferidas). Te sugiero lo siguiente:
- Matricúlate en un mínimo de cuatro o cinco asignaturas cada semestre.
- Tómate los estudios como un trabajo y dedícales ocho horas diarias.
- Ve a clase por la mañana, de ocho a doce y luego, después de comer, estudia todos los días en la biblioteca hasta las cinco. Así tendrás las noches y los fines de semana libres para trabajar o hacer lo que quieras.

Si ya te has graduado, enséñales esta estrategia a tus hijos, ¡todos os ahorraréis mucho tiempo y dinero!

Estoy orgulloso de decir que yo lo he aplicado y mi familia y yo (que, en definitiva, es para quien trabajo) nos hemos beneficiado mucho del hecho de que me licenciara en cuatro años. Mi mujer y yo fuimos bendecidos con nuestro primer hijo, Sam, cuando yo tenía veintidós años. Si no me hubiera graduado en cuatro años y no hubiera tenido un trabajo a jornada completa, lo hubiera pasado todavía peor para apoyar a mi joven familia.

Durante el último año en la universidad, conseguí un trabajo en publicidad y marketing en la agencia de viajes más importante de Montana. Me pasaba mucho tiempo sacando billetes para grandes empresas y cambiando el anuncio de la «Oferta Especial» para llamar la atención de los peatones que pasaban por delante del escaparate. Todos menos el director general, Tom Schmidt, me trataban como al chico de los recados, pero no me importaba. ¿Por qué? Porque tenía muy claro que aquel trabajo sólo era algo temporal, que pronto tendría la oportunidad de conseguir algo mejor.

Mi mujer y yo queríamos mudarnos a Seattle, así que empecé a escribir cartas y a enviar currículums a empresas de Seattle y alrededores. Al final, conseguí una entrevista de trabajo con Grayline Tours, una filial del departamento de marketing de Holland America Cruise Lines.

Llegué a Seattle un fría y lluviosa mañana (imagínatelo) de diciembre de 1991 para la entrevista. Aterricé a las nueve de la mañana y el vuelo de regreso era a las tres y media de la tarde. Fui al centro, hice la entrevista y me ofrecieron un puesto temporal de seis meses en el departamento de marketing a 8 dólares la hora, sin beneficios extrasalariales. Después de seis meses, evaluarían mi trabajo y sólo entonces, siempre que mi aportación fuera satisfactoria, claro, me ofrecerían un puesto fijo. No di saltos de alegría, la verdad, pero lo acepté porque era mejor que nada.

Así que volví a las calles mojadas de Seattle. Era mediodía; todavía quedaban tres horas para que saliera el avión. Sin embargo, no me fui al aeropuerto. Estaba, como diría el conferenciante motivador Les Brown, HAMBRIENTO y decidido a encontrar algo mejor, de modo que eché un vistazo al perfil de Seattle y busqué el rascacielos más alto.

Vi la Washington Mutual Tower, conduje hasta allí, subí al piso más alto, el cincuenta y cuatro, y fui bajando, oficina por oficina, dejándoles mi currículum.

Muchos se me quitaron de encima enseguida, en sentido figurado, claro, pero yo seguí insistiendo porque estaba decidido a encontrar un trabajo mejor. Después de más de un hora, fui a parar a las oficinas de Mutual Travel, en la planta dieciocho. Entré con la certeza de que iba a pasar algo bueno porque ya estaba trabajando en una agencia de viajes. Le dije a la recepcionista que no tenía cita previa pero que tenía que hablar, urgentemente, con el vicepresidente de ventas porque estaba convencido de que las ventas eran lo mío.

Pues bien, para mi sorpresa (y también de la recepcionista), el vicepresidente de ventas salió y me dijo que tenía cinco minutos para explicarle mi historia. ¡Cinco minutos! Media hora después me ofreció un trabajo en el departamento de equipo hasta que saliera una posición en marketing. Me ofrecía un trabajo fijo, de jornada completa, con beneficios y con un salario inicial de 18.000 dólares anuales. Sé que, según los criterios actuales, no es mucho dinero, pero en 1991 era una cantidad bastante decente. No era Bill Gates, pero era mucho mejor que el trabajo temporal que me habían ofrecido en Holland America.

A finales de diciembre de 1991, mi mujer y yo nos mudamos a Seattle y yo empecé a trabajar en Mutual Travel. Sin embargo, pronto vi que 18.000 dólares al año no eran mucho para mantener a mi familia. Después de seis meses en el departamento de grupo, me ascendieron a ventas pero, aún así, sólo ganaba 22.000 dólares al año.

Para ayudar a la familia, acepté un segundo trabajo repartiendo el *Journal American* a primera hora de la mañana. Repartir periódicos de cuatro y media a siete de la mañana, siete días a la semana para sólo ganar quinientos dólares más al mes era infernal. Sin embargo, me recordaba que lo estaba haciendo por MI FAMILIA y seguía adelante.

➡ **Lo que intento decir es que, a veces, una persona debe hacer algo difícil o agotador para ayudar a su familia. Pero, casi siempre, estas dificultades son sólo temporales; siempre llegan épocas y oportunidades mejores.**

Mientras tenía dos trabajos también aprendí que no sólo era importante maximizar los ingresos, sino también vigilar los hábitos de consumo. En el libro *The Millionaire Next Door*, de Thomas Stanley y William Danko, aprendí que:

¡No importa cuánto dinero ganas, sino cuánto gastas!

En otras palabras, reducir los gastos es tan importante como ganar más dinero.

Ejercicio

Rápidamente, piensa y escribe de qué diez maneras podrías empezar a gastar menos a partir de ahora mismo.

1.--
2.--
3.--
4.--
5.--
6. --
7.--
8. --
9.--
10.--

PROSPERAR

Después de nueve meses repartiendo periódicos, me di cuenta de que lo que necesitaba era un trabajo bien pagado, no dos trabajos mal pagados.

Así que dejé Mutual Travel (y el reparto de periódicos) y acepté una oferta en el departamento de ventas de Airbone Express. Sin embargo, antes de dejar Mutual Travel, y debido a mis conocimientos de japonés, tuve la oportunidad de entregar en mano más de mil billetes de avión a estudiantes japoneses de intercambio que, al verano siguiente, tenían previsto venir a los Estados Unidos. Cada billete estaba valorado en más de mil dólares. Por lo tanto, a los veintitrés años, me enviaron a Tokio, en primera clase, cinco días con una bolsa que contenía más de un millón de dólares en billetes de avión. Deja que te diga una cosa: cuando tuve que pasar por la aduana estaba muy nervioso y di gracias a Dios por poder entrar en el país sin ningún problema. ¡Fue una experiencia tremenda!

Airbone Express (ahora parte de DHL) me proporcionó un coche de la empresa y un sueldo anual de unos 30.000 dólares. Fue una experiencia muy educativa, aunque todavía no nos permitió salir de las dificultades económicas. ¿Por qué? Bueno, enseguida aprendí que cuanto más dinero ganas, más gastas. Recuerda lo que dijo Confucio:

> Cuando llegue la prosperidad, no la uses toda.

Creo firmemente que nadie puede perseguir su destino si primero no tiene en orden las finanzas. En el capítulo 4 hemos hablado de generar varias fuentes de ingresos. Pero también es imperativo controlar los hábitos de consumo. Si consigues hacerlo, tendrás plena libertad, desde un punto de vista económico, para perseguir el destino que quieras.

En Airbone, tuve la oportunidad de convertirme en jefe de ventas, pero lo rechacé porque mi familia y yo, para quien trabajo, recuerda, queríamos quedarnos en Seattle; y ser jefe de ventas hubiera significado tener que mudarnos a Spokane (Washington), Boise (Idaho) o Grand Rapids (Míchigan). Seguro que son unos lugares preciosos para vivir, pero nosotros queríamos quedarnos en Seattle; además, con la educación legal que mi mujer había finalizado en el estado de Washington, no tenía sentido cambiar de estado. Esta decisión me recuerda a una cita de John Atkinson:

> Si no llevas las riendas de tu vida, lo hará otra persona.

Por lo tanto, después de casi tres años, dejé Airbone y acepté un trabajo en el departamento de ventas de Avis Rent-A-Car. Y allí aprendí otra lección económica importante. Después de trabajar allí dos años, una empresa más grande adquirió la compañía. Tenía muy pocas acciones en el plan de acciones de la empresa (también denominado ESOP); en realidad, no tenía nada, ¡sólo los cheques de la nómina!

Sin embargo, la empresa poseía mucho, las cuentas de millones de dólares que yo les había conseguido. Incluso hoy en día siguen ingresando dinero generado con mi trabajo. Hablando de ingresos residuales… ¡Todas las grandes empresas tienen su propio Principio de Creación de Riqueza muy bien protegido!

En mi siguiente búsqueda de trabajo, acabé en el departamento de ventas de alta tecnología de un fabricante de placas base. La lección que aprendí es que, si todavía no tienes tu propio negocio, debes trabajar en algún sitio donde te permitan ser propietario de una parte de la empresa. Después de tres años trabajando en dos empresas distintas de placas base, al final tuve la oportunidad de recibir una pequeña parte de Merix Corporation, una empresa presente en el NASDAQ, en forma de acciones. Esta empresa me proporcionó lo que los principios de creación de riqueza de Ivey Stoke me enseñaron que necesitaba para ser rico: era propietario de un negocio. Debido a mi filosofía de diversificar los ingresos, pretendo seguir en el mundo de las ventas durante muchos años, aparte de tener también mi negocio propio. De hecho, animo a cualquiera que esté trabajando por un sueldo y que, aparte, durante las noches y los fines de semana, trabaje para perseguir su sueño, que continúe con su trabajo diario hasta que, realmente, se interponga en el camino hacia sus sueños. Lo que quiero decir es que, al final, para poder ejecutar bien tu plan de juego, la mayor parte de tus ingresos provendrán de tu negocio propio. Cuando esto empiece a suceder (ya sea dentro de uno o diez años), podrás hacer la transición del trabajo diario a la oportunidad de tu propio negocio. Sin embargo, antes de hacerla debes considerar dos factores: tener ahorrados los ingresos de un año en total y no tener deudas. Creo que, antes de hacer el cambio, estos dos factores deben estar asegurados.

Entre 1996 y 2001 escribí la primera edición de este libro y continué desarrollando mi negocio de conferenciante a tiempo parcial durante las primeras horas de la mañana, las últimas horas de la noche y los fines de semana, mientras seguía trabajando a jornada completa en mi empleo diario. Al actuar siguiendo siempre mis pasiones y mi auténtico destino en la vida, he seguido alcanzando mis objetivos, a pesar de que nuestra familia ha sufrido los altibajos económicos propios de actuar de esta manera.

Cuando echo la vista atrás y veo por todo lo que hemos pasado, puedo decir sin arrepentirme que la recompensa económica que hemos recibido por seguir mis sueños ha valido la pena. La fe en Dios me dio la fuerza para seguir adelante en épocas en que todo parecía estar en mi contra.

➡ **Sin duda, tú también tendrás que superar pruebas económicas y emocionales a lo largo del camino hacia tu destino. Si la creencia en tu visión es lo suficientemente fuerte, superarás, como yo, los obstáculos del camino.**

Puede que algunos de vosotros os estéis cuestionando mi lealtad; ¿trabajar en nueve empresas distintas en un período de quince años? Yo lo veo así:

➡ **¡Debo lealtad y fidelidad a MI FAMILIA, no a una empresa!**

Si quieres progresar en el sistema empresarial estadounidense, tienes que cambiar de trabajo, al menos, cada dos o tres años, y en cada transición deberías incrementar el suelo en un 20 %. Si no, ¿cómo crees que pasé de ganar menos de 20.000 dólares anuales a ganar una cantidad de seis cifras en diez años? Si no cambias con esta frecuencia, seguirás recibiendo el aumento típico del 5 % cada año en la revisión de contratos. Si quieres llegar a ganar una cantidad de seis cifras, una manera de hacerlo, aparte de tener tu propio negocio, es cambiar de trabajo con frecuencia.

➡ **El momento idóneo para buscar un nuevo trabajo es cuando no lo necesitas, porque entonces puedes ser selectivo.**

Sin embargo, si esperas hasta que te despidan para empezar a buscar, el abanico de opciones será menor. De hecho, puede que te veas obligado a aceptar menos dinero porque estás en una situación desesperada.

Es muy importante que entiendas que todas las empresas trabajan para ganar dinero, a menos que sean organizaciones no lucrativas. Por lo tanto, la mayoría te pagarán lo justo para impedir que te vayas. En consecuencia, muchas empresas no entienden por qué muchos de sus trabajadores sólo trabajan lo justo para impedir que los despidan.

➡ **¡La única manera de cobrar lo que vales es tener tu PROPIO negocio!**

A veces, es necesario ser propietario y aprender de varios negocios antes de encontrar tu «mina de oro». He aprendido mucho de, al menos, seis oportunidades empresariales de las que he sido propietario a lo largo de estos años. En cada una enmendaba los errores de la anterior y, de alguna manera, he acabado beneficiándome de todas. Como he dicho antes, sólo porque tu vieja chatarra te dejara tirado en la cuneta un día, no significa que dejaras de conducir y fueras a todas partes a pie. Sencillamente, te compraste otro coche y volviste a la carretera. Con un negocio propio sucede lo mismo.

Si el aumento anual del 5 % ya te está bien, entonces lo ÚNICO que estás haciendo por tu familia y por ti mismo es poder pedir una pizza más al mes. ¡Eso es todo! Porque, después de la retención de impuestos, no queda mucho más. Además, basándome en el hecho de que hayas decidido leer este libro, creo que el 5 % NO te basta y que te EXIGES mucho más a ti mismo.

Sólo tienes que entender que cambiar de empresa NO es una decisión emocional (relegados únicamente al terreno del «amor»). Todas las demás decisiones, y sobre todo las relacionadas con el trabajo y la economía, deberían estar basadas en hechos y en el «pensamiento exacto». Napoleon Hill lo entendía bien cuando dijo:

> El mayor rasgo de la gente que tiene éxito es la vía del pensamiento exacto.

Verás, ir a una nueva empresa o probar una nueva oportunidad (incluida la de crear tu propio negocio) sólo es una decisión empresarial basada en hechos. Vayas donde vayas, harás nuevos amigos y los de antes, si son amigos de verdad, no dejarán de serlo porque cambies de trabajo.

Puede que te preguntes: «¿Cómo encuentro un trabajo mejor si apenas tengo tiempo libre para perseguir los objetivos que quiero?». Y la respuesta es dejar que otras personas te acerquen las oportunidades. ¿Recuerdas cuando hemos hablado de los activos con financiación ajena en el capítulo anterior? Dicho de otra manera, deja que otros trabajen para ti y descubran esas oportunidades escondidas. Apúntate a una empresa de colocación y que ellos trabajen para ti. No les pagues nunca, a menos que busques tu primer trabajo después de la universidad. Casi todas estas empresas cobran de las compañías que buscan candidatos cualificados. He trabajado con empresas de colocación en dos ocasiones y, en ambos casos, he conseguido un trabajo mucho mejor pagado que donde estaba antes.

Tengo un gran respeto y estoy muy agradecido a una empresa de colocación nacional en particular, Management Recruiters Internacional (MRI). Jim Kozich me consiguió el puesto de trabajo más lucrativo hasta la fecha en un departamento de ventas de alta tecnología. Aunque, personalmente, no he acudido a las grandes empresas de colocación que operan en internet, como hotjobs.com, monster.com o thingamajob.com, si ahora mismo quisiera cambiar de trabajo, seguro que las probaría. Otra opción es conectar por internet con gente de tu sector con frecuencia, así como acudir a ferias y congresos profesionales. Por último, por favor asegúrate de que alguien te ayude (aunque tengas que pagarle) a redactar un buen currículum vitae.

Si no te interesa tener tu propio negocio (por las razones que sea) y disfrutas trabajando en el mundo empresarial, sólo quiero decirte que debes asegurarte bien que la escalera profesional por la que escalas no esté apoyada en la pared equivocada.

LOS DESAFÍOS NUNCA TERMINAN

El problema de muchos trabajadores es que creen que pueden alcanzar la seguridad laboral. Cuando tienen un trabajo, la mayoría está segura de que los desafíos profesionales han terminado. Pero esto es falso:

➡ **La seguridad laboral** YA NO EXISTE.

En el mundo tecnológico de hoy en día, las empresas cada vez tienen que afrontar mayores desafíos para seguir siendo competitivas. Harán lo que sea para que los números cuadren, incluso despedir a trabajadores. Y lo más gracioso es que no te dicen que te echan, te dicen que te despiden, como si te hubiera tocado a suertes. Con la recesión que vivimos a finales del 2000 y durante el año 2001, he conocido, literalmente, a cientos de personas que han perdido el trabajo, ¡incluido yo mismo!

Por desgracia, también fui víctima de la crisis empresarial posterior a los atentados de Nueva York. Ocho días después de la tragedia (y después de casi tres años de excelentes resultados), Merix me despidió. Por suerte, me ofrecieron una atractiva indemnización y, a las dos semanas, pude conseguir otro trabajo en ventas en una empresa de la competencia en la industria de las placas base, TTM Technologies. La experiencia de ser despedido fue muy dura pero, después de aquello, aprendí la auténtica verdad que se esconde detrás de la famosa cita de Nietzsche:

Lo que no te mata, TE HACE MÁS FUERTE.

Después de dieciocho meses en TTM Technologies, y debido a las condiciones de mercado de la industria de las placas base, me trasladaron a una comisión de representantes de fabricantes. Fue una especie de despido, ya que perdí todo mi sueldo. Como resultado, pasé a vender placas base a tiempo parcial. Esto me dio la oportunidad de dedicarme a mi propio negocio a jornada completa. Me di cuenta de que necesitaba diversificarlo y ofrecer conferencias y coaching para publicar libros y así ayudar a los demás. Ahora, mis clientes están encantados con que les ayude a publicar sus libros. También he ayudado a otros a pasar de dar «conferencias gratis» a dar «conferencias previo pago». Si tú o alguien que conoces necesitáis ayuda en estos campos, por favor diles que se pongan en contacto conmigo. Para saber más, visita mi página web y abre el apartado «Ayuda para publicar» («Publishing Help»).

También he creado oportunidades empresariales para los lectores que me han preguntado si podían ayudarme a comercializar este libro. He creado el «Club de los Perseguidores de Destino» donde cualquiera puede comprar cien ejemplares del libro, con descuento, y venderlos al precio oficial para ganarse un dinero extra con un negocio a tiempo parcial. Los miembros del club también obtienen comisiones si me consiguen conferencias. Para saber más cosas sobre esto, visita mi página web y abre el apartado «Oportunidades empresariales» («Biz Opportunities»).

En cuanto a los despidos, el problema es que, cuando las empresas entran en crisis, las víctimas (incluyéndome yo mismo) no tienen NADA para demostrar su trabajo, sólo unos cuantos cheques. La mayoría se pone a buscar otro trabajo con la esperanza de que los contraten (y, probablemente, les vuelvan a pegar una buena torta al cabo de un tiempo). Es de locos. ¿Es que no han aprendido la lección?

Para combatirlo, te recomiendo que busques en tu alma (como yo he hecho) y conviertas tu pasión en un negocio desde casa. Entonces, si te despiden, al menos tendrás una segunda alternativa a la que poder recurrir.

➡ **Crear algo que se convierta en un activo, en lugar de perder el tiempo en un trabajo alquilando tus habilidades, es algo que le debes a tu familia y te lo debes a ti mismo.**

Después de pasar por la experiencia de un despido, tomé la decisión de crear mi propio negocio, de manera que NUNCA más volveré a depender únicamente de un trabajo para mantener a mi familia. Tomé la decisión de ser IMPARABLE y, a resultas de esto, mi negocio ha despegado. Pronto podré retirarme del mundo empresarial estadounidense, cuando no tenga deudas y haya ahorrado el sueldo de un año, y podré dedicarme totalmente a mi negocio. Cuando llegue este momento, ¡seré el único dueño de mi destino! Si de verdad quieres crear tu destino, te animo a que empieces tu propio negocio y hagas lo mismo que yo (aunque primero asegúrate de haber ahorrado el sueldo de un año entero).

APRENDER A PESCAR

La experiencia de ser despedido de dos empresas en un período de dieciocho meses me ha enseñado la auténtica verdad de aquella vieja historia sobre aprender a pescar, que estoy seguro que habrás oído. Dice así:

➡ **Dale un pescado a un hombre y comerá un día. Enséñale a pescar y comerá toda la vida.**

Trabajar por cuenta ajena es como tener un pescado (un cheque) cada final de mes. Es lo que te alimenta. Si te despiden y pierdes el cheque, te mueres de hambre. La clave está en APRENDER a pescar (aprender a ganar dinero con un negocio propio). Así, puedes pescar cuando y donde quieras y comer tanto como te apetezca (ganar cuanto desees), y con la frecuencia que quieras.

De pequeño, no me gustaba demasiado pescar porque no pescaba nada (aunque me encantaba pasar aquel rato con mi padre, escuchando sus historias). Sin embargo, de adulto, me encanta pescar ingresos por la libertad que me da. Si quieres más libertad, ¡tienes que APRENDER a pescar!

No hay NADA de malo en tener un trabajo, porque te permite comer. Pero asegúrate de que, mientras el empleo te da de comer, sigues trabajando en tu sueño y aprendes a pescar por tu cuenta.

ESCLAVIZADO POR EL JEFE

Al hablar de poder mantener a tu familia o confiar en alguien (tu jefe) para que te dé pescados, me acuerdo de una cosa: teniendo en cuenta el ambiente de «trabaja como un loco» imperante en el nuevo milenio, ¿somos realmente libres? Una de las preguntas que te he formulado al principio del libro es: ¿eres libre?

La razón de esta pregunta es que mucha gente cree que la esclavitud se abolió el 1 de enero de 1863, cuando el presidente Abraham Lincoln proclamó la emancipación de los esclavos. Sin embargo, mi opinión es que, mientras tengamos un trabajo por cuenta ajena, estaremos esclavizados por nuestros jefes y NO seremos libres.

Teniendo en cuenta que todos los trabajadores recuperan una cantidad limitada de sus ingresos si trabajan cincuenta semanas (de las cincuenta y dos que tiene el calendario) para ganarse el sueldo, es obvio que muchos empleados no son tan libres como creen.

Si no estás de acuerdo con esto, permite que te haga unas preguntas. ¿Por qué los trabajadores deben pedir permiso a sus superiores para alargar sus vacaciones cuando los propietarios de los negocios pueden irse de vacaciones cuando quieren (y durante el tiempo que quieren) sin tener que pedir permiso a nadie?

Afortunadamente, la esclavitud que existía en el siglo XIX en los Estados Unidos se abolió en gran parte gracias a los esfuerzos del presidente Lincoln. Sin embargo, ¡hoy en día existe otro tipo de esclavitud en el trabajo!

Puede que algunos penséis que unas vacaciones de seis meses no son muy prácticas. Muy bien. ¿Qué me decís de, en verano, poder tomarte un día libre e ir a la playa con tu familia? ¿O tú y tu pareja tenéis que pedir permiso a los jefes para poder pasar un día en familia en la playa?

➡ **Como propietario de un negocio, serás libre y nunca más tendrás que pedir permiso para poder pasar más tiempo con tu familia.**

Cuando he hablado de la libertad y la esclavitud en mis conferencias, algunos se han burlado de mí y otros me han aplaudido. Las burlas han venido de trabajadores que todavía creen en la seguridad laboral y en que sus jefes se harán cargo de todas sus necesidades económicas en el futuro. Los aplausos y las felicitaciones, en cambio, han llegado de propietarios de sus propios negocios porque prosperan en su libertad y les encanta pasar más tiempo con su familia.

➡ **Trabajar por cuenta ajena es bueno, pero debes ser consciente de que sólo es un vehículo temporal para pagar las facturas y mantener a tu familia mientras pones las bases para alcanzar tu sueño.**

Estar esclavizado por el jefe sólo es aceptable si estás creando tu vehículo de negocio propio a largo plazo en un sector que te apasiona.

OPORTUNIDADES EMPRESARIALES

Cuando pienses en esta cuestión tan controvertida, recuerda siempre lo que te he dicho en el último capítulo: el 10 % de la población reúne el 90 % de la riqueza. Ese 10 % tiene su propio negocio, y los demás son trabajadores a sueldo. ¿En qué lado de la ecuación quieres estar?

Los siguientes ejercicios están diseñados para ayudarte a aclarar las ideas y para presentarte todas las opciones que tienes frente a ti en el panorama empresarial de hoy en día. Recuerda que hay muchas maneras de ganar millones; ¡sólo tienes que escoger una! Escucha a tu corazón y él hará la elección por ti.

Ejercicio A

Siéntate tranquilamente diez minutos. En el espacio de aquí abajo, escribe cinco oportunidades empresariales que se te ocurran (o ideas que te hayan dado) y que puedan generar fuentes adicionales de ingresos para tu familia. Piensa en aficiones que podrías convertir en negocios. Recuerda que un negocio en casa tiene más ventajas fiscales. Y que, escojas el negocio que escojas, debe ser coherente con tus valores y objetivos:

1. --
2. --
3. --
4. --
5. --

Ejercicio B

Si no te ves capaz de tener o llevar tu propio negocio, o no te apetece, haz una lista de las empresas/organizaciones para las que te gustaría trabajar (con el puesto de trabajo incluido). Deberías asegurarte de que son empresas estables y capaces de ayudarte a alcanzar tus objetivos a largo plazo:

1. --
2. --
3. --
4. --
5. --

Ejercicio C

Escribe cinco acciones que podrías hacer ahora para convertir en realidad cualquiera de los dos ejercicios anteriores:

1. --
2. --

3. --
4. --
5. --

Cuando empiezas un negocio propio, tienes que combinar una pasión con la oportunidad de trabajar desde casa, y de este modo podrás estar más con tu familia. Intenta alejarte de cualquier empresa que te obligue a fichar y aislarte cada día, a menos que ese tipo de negocio sea tu pasión. Intenta crear algo que te permita ganar dinero sin tener empleados o sin tener que estar presente cada día (no quieres encerrarte en una cárcel). Ahora ya hace casi diez años que trabajo desde casa y ni se me pasa por la cabeza la idea de volver a tener que coger el coche cada mañana para ir a la oficina. Y, como trabajo en casa, soy capaz de cubrir mejor las necesidades de mi familia. Si trabajaras desde casa, ¿serías capaz de cubrir mejor las necesidades de tu familia?

RESUMEN

¡Tu familia y tú sois tu jefe! Es un secreto que mucha gente no entiende nunca. Uno de los motivos por los que hay tantas familias desestructuradas es que hay demasiada gente que le da más importancia al trabajo que a la familia.

➡ **Aunque en tu tarjeta de negocios ponga «Empresa X», en tu corazón debe poner «Mi Familia».**

Sé que parece difícil. Todos queremos ganar mucho dinero y poder dedicar el máximo tiempo posible a nuestra familia. Y cuesta equilibrar la balanza. A veces, fracasarás. Pero, cuando lo hagas, debes volver a intentarlo. Creo que el fracaso no es el final, sino que nos sirve de lección. Y todos queremos aprender más cosas, ¿verdad?

Cuanto más fracasamos, más aprendemos. Henry Ford resumió este principio cuando dijo:

El fracaso sólo es la oportunidad para volver a empezar de forma más inteligente.

Además de Henry Ford, Thomas Edison también fracasó en más de una ocasión. En realidad, a lo largo de su vida (1847-1931), Thomas Edison fracasó miles de veces mientras perseguía su sueño de inventar artilugios capaces de cambiar el mundo. Al final, en 1879, inventó la bombilla incandescente, la primera fuente de luz fiable y de larga duración. A continuación, te presento una cita de Thomas Edison sobre cómo aprovechó los fracasos en sus experiencias previas para seguir adelante:

Por desgracia, muchos de los fracasos de esta vida los experimentan personas que, cuando se rindieron, no se dieron cuenta de lo cerca que estaban del éxito. Si descubro diez mil maneras en que algo no funciona, no he fracasado porque cada intento fallido descartado es un paso adelante más.

Es importante entenderlo. Si todavía te cuesta, te recomiendo el libro *El lado positivo del fracaso*, de John C. Maxwell. Es de lectura obligada para entender mejor este concepto.

Como he dicho antes, nadie está en el lecho de muerte arrepintiéndose de no haber pasado más tiempo en la oficina; si se arrepienten de algo, es de no haber pasado más tiempo con sus hijos, su pareja y sus seres queridos. Porque, en definitiva, son para quienes trabajas, y no las personas de la oficina.

Te animo a que pases el doble de tiempo con tus hijos y gastes la mitad de dinero. Hay un viejo dicho que reza:

Los niños son como un banco. Cuanto más tiempo inviertes en ellos, mayor es el beneficio de esa inversión.

También recuerda lo que el doctor Robert Brooks dice respecto a la importancia de estar con tus hijos:

> Uno de los factores que más contribuyen a la capacidad de recuperación de los niños es la presencia de, al menos, una persona en su vida que crea en ellos.

El difunto psicólogo Julius Segal decía que esa persona era un «adulto carismático», alguien de quien los niños «toman fuerzas». Te animo a que seas «esa persona» para alguien de tu comunidad.

Por favor, recuerda que nuestros hijos son el futuro del mundo. Si no te parece importante pasar tiempo con ellos, mira la película *Traffic*, protagonizada por Michael Douglas. Su personaje, Bob Wakefield, está a punto de perder a su hija en una vida de drogadicta deambulando por las calles, y todo porque él está demasiado ocupado y es demasiado egoísta en su vida profesional como para tomarse un tiempo para estar con ella.

➡ **Te animo a que no olvides nunca para quién trabajas: tu familia, tus hijos y tú mismo. Antepón la familia al trabajo y tendrás más amor y felicidad en tu vida.**

Igual que en el ejemplo de MasterCard® que he utilizado al principio del capítulo, yo sé muy bien para quién trabajo.

VENCE LA ADVERSIDAD, LA TENTACIÓN Y LA ADICCIÓN

CAPÍTULO 6

> *Mi ventaja es que puedo soportar*
> *más dolor que cualquier otra persona del mundo.*
>
> STEVE PREFONTAINE

Para alcanzar tu destino y conseguir más amor y más salud, tendrás que eliminar cualquier excusa o motivo que te impidan hacer algo en la vida. También tendrás que superar la adicción y la adversidad; la primera puedes controlarla, pero la segunda no. Además, tendrás que ser capaz de resistir las tentaciones. Sin embargo, si eres una persona que puede vencer la adversidad, la tentación, la adicción y que siempre se mantiene fiel a sus valores y creencias, ¡nada podrá detenerte!

Deja que te explique una experiencia que mi familia y yo vivimos y que supuso una gran adversidad; tanto es así que estuvimos a punto de perder la vida. Y, lo que es peor, fue consecuencia de la adicción de otra persona.

La noche del 29 de mayo de 1982, a las 22:53, mis padres y una de mis hermanas estaban durmiendo en el piso de arriba. Mis padres se habían pasado casi toda la semana preparando la fiesta de graduación de mi hermana mayor Margaret, que se iba a celebrar al día siguiente. Mi hermano Tim, nuestro primo Tom y yo estábamos mirando una película en una habitación cuando, de repente, oímos el gran estruendo de un camión que giraba la esquina de nuestra calle demasiado deprisa. Luego escuchamos ruido de piedras y gravilla, porque había llegado al camino que había al lado de nuestra casa. Y al poco, sin previo aviso, notamos cómo la casa entera temblaba y el camión se empotró contra la casa a mucha velocidad.

Fui al salón a comprobar los daños. El camión había chocado contra los cimientos de la casa y, al hacerlo, hundió el contador del gas hasta el sótano. Las ventanas del lado oeste estaban en llamas. Salí de casa gritando: «¡Fuego, fuego!», y los demás me siguieron.

Un vecino de enfrente había visto el accidente y enseguida llamó a los bomberos. Nosotros nos quedamos delante de la casa, viendo cómo se quemaba. El camionero que, como supimos más tarde, conducía ebrio, se había empotrado contra el comedor a 65 km/h y chocó directamente contra el contador. El calor del motor del camión y el golpe prendieron fuego a la tubería central del gas que, con el impacto, se había roto.

Aunque la policía y los bomberos llegaron enseguida, la tubería era subterránea, así que los bomberos no pudieron cerrar el gas. La casa estuvo en llamas hasta las 00:30. Todo un lado de nuestra casa de dos plantas había quedado reducido a cenizas.

Durante todo el tiempo, mi familia y unos cincuenta curiosos más nos quedamos allí de pie, asustados y horrorizados, mirando el fuego. El camionero que, al principio, intentó huir pero que regresó cuando mi primo lo persiguió, se quedó frente a la casa gritándole a mi madre que salvara su camión. Como iba ebrio, cogió a mi madre (que iba en bata) por los hombros y empezó a zarandearla. Me interpuse entre ellos justo cuando un policía lo cogió y se lo llevó al coche patrulla. Todavía hoy recuerdo perfectamente el hedor a alcohol que desprendía y el intenso calor de las llamas.

Cuando extinguieron el fuego, nos quedamos todos apelotonados en el jardín. Jamás olvidaré las palabras de mi madre: «Todo saldrá bien, porque nadie ha muerto y estamos todos a salvo».

Ahora me doy cuenta de que, cuando mi madre, Lois Snow, dijo esto no teníamos:

- Un lugar dónde dormir.
- Ropa ni efectos personales.
- Comida.

Las llamas y el humo lo habían destrozado todo, pero mi madre estaba bien. Bueno, estaba impresionada, como todos; pero en lugar de centrarse en la adversidad a la que teníamos que hacer frente en ese momento y, seguramente, durante las semanas y meses siguientes, se centró en el hecho de que estábamos todos a salvo y vivos. Estoy seguro de que ese momento marcó mi carácter para siempre, que esta tendencia que tengo a ser siempre optimista se la debo, en gran parte, a la actitud de mi madre aquella noche y a su capacidad de ver el vaso medio lleno, en vez de medio vacío.

Obvia decir que un incendio de esas características no es un problema que se soluciona al día siguiente. Aquella noche dormimos en el suelo de la iglesia que había delante de casa. A la mañana siguiente, volvimos a casa. El jefe de bomberos, que estaba investigando el accidente, nos dijo que teníamos mucha suerte de estar vivos. Nos explicó que el camión había aplastado el contador de gas contra la pared del sótano pero que, por suerte, el agujero por donde se produjo la fuga de gas era muy pequeño. Si lo hubiera aplastado unos centímetros más, la casa entera habría estallado y, casi con toda seguridad, todos nosotros hubiéramos muerto.

¡Pues sí que tuvimos suerte! Mi familia tuvo una segunda oportunidad. Creo que, cada día, todos tenemos una segunda oportunidad porque el mañana NO está asegurado (como hemos aprendido con la tragedia del 11 de septiembre). La pregunta que quiero hacerte es la siguiente:

¿Qué vas a hacer, todos y cada uno de los días de tu vida, con tu segunda oportunidad?

LECCIONES DE VIDA

Todos nos enfrentaremos, tarde o temprano, a alguna adversidad. Es parte de la vida. Puede que no sea tan tremenda como ver tu casa en llamas o ser familiar de una de las víctimas del 11 de septiembre, pero los obstáculos que te encuentres en el camino hacia tu destino pueden ser igual de severos. Ser testigo de la reacción de mis padres ante la adversidad que supuso el incendio me enseñó la importancia de tener una actitud positiva ante la vida. Mi madre no se dedicó a lamentarse acerca de lo ocurrido, de lo negativo; se centró en lo positivo. Ese carácter fuerte le sirvió más adelante cuando, años después, tuvo que pelear contra un cáncer hasta que lo venció.

EJERCICIOS
Piensa en alguna vez que tuviste que hacer frente a una adversidad física grave, como un accidente o una enfermedad.

¿Qué miedos te asaltaban?

¿Qué factores te ayudaron a superar la adversidad?

¿Qué lecciones o creencias te enseñó la adversidad que todavía hoy aplicas?

SUPERAR LA ADVERSIDAD

A continuación, te presento algunos consejos concretos que yo recomiendo tanto para prever las adversidades como para superarlas cuando llegan a tu vida.

- Sé consciente de que las adversidades son sólo temporales (seguro que más adelante llegarán días mejores). En pocas palabras, nada es eterno. Céntrate lo máximo posible en las soluciones en lugar de en los aspectos negativos de la adversidad.
- Aprecia lo bueno de tu vida. Incluso cuando sucede algo malo, siempre tendrás cosas positivas a las que agarrarte: la salud, la familia, los hijos, la libertad, etc.
- Recuerda a aquellos que, antes que tú, perseveraron cuando se les presentó una adversidad (supervivientes del holocausto, víctimas de guerra, prisioneros de guerra...).
- Sé consciente, en el fondo de tu corazón, de que tienes lo que hace falta para perseverar. Puedes hacer frente a las adversidades y superarlas. Lo has hecho antes y volverás a hacerlo.

- Entiende que cuando se cierra una puerta, casi siempre se abre una ventana. Ante la adversidad, busca «oportunidades ocultas»; seguro que siempre hay algo positivo a tu alrededor.

RESISTIR LA TENTACIÓN

Mientras, lentamente, superamos la adversidad, a menudo somos víctimas de las tentaciones. Cuando sucumbimos a la tentación, con frecuencia ésta se apodera de nosotros y cometemos los mismos errores una y otra vez. Si caemos en esta trampa, las tentaciones de la vida pueden, literalmente, robarnos años de nuestra ya de por sí corta vida. Esto me recuerda una cita de David Norris sobre el tiempo:

> Es más importante cómo inviertes el tiempo que el dinero. Un error económico se puede solucionar pero el tiempo vuela para siempre.

He encontrado un precioso relato anónimo en internet que creo que describe a la perfección cómo trabaja la mente ante la tentación.

LOBOS

Un anciano cherokee le habla a su nieto de la vida:

> —Dentro de mí, hay una lucha –le dice al chico–. Una lucha terrible entre dos lobos.
> »Uno es el mal; siente rabia, envidia, dolor, arrepentimiento, avaricia, arrogancia, autocompasión, culpa, resentimiento, inferioridad, mentiras, vanidad, superioridad y egoísmo.

»El otro es el bien; siente alegría, paz, amor, esperanza, serenidad, humildad, amabilidad, benevolencia, empatía, generosidad, sinceridad, compasión y fe.

»Y esa lucha también está dentro de ti, y dentro de cada persona.

El nieto se quedó pensativo un rato y luego le preguntó a su abuelo:

—¿Y qué lobo ganará?

El viejo cherokee sólo dijo:

—El que alimentes.

Te animo a que alimentes al lobo del bien. Si lo haces, serás capaz de superar la adversidad, resistir la tentación y librarte de las adicciones. Y, al final, ¡tu mente será libre para seguir a tu corazón y crear tu propio destino!

EL HORROR DE LAS ADICCIONES

El incendio de la casa fue una adversidad que toda la familia tuvo que superar. Sin embargo, el incendio lo provocó otra cosa: ¡un conductor ebrio!

Cuando esto sucedió, yo tenía trece años. Y aunque a esa edad uno todavía es relativamente joven, entendí perfectamente el daño que el alcoholismo puede provocar en la sociedad en general y, más concretamente, a los individuos. Aquella noche del 29 de mayo de 1982, hice una promesa que estoy orgulloso de decir que jamás he roto. Prometí no emborracharme nunca jamás. En realidad, no bebo y punto.

Viví en mis propias carnes lo que el alcohol puede hacerle a una persona. He visto en los demás el miedo que experimentan cuando el alcohol se apodera de su vida. Gracias a esa experiencia, estoy orgulloso de decir que

SOY UN HOMBRE DE PALABRA y que, hasta la fecha, no he probado ni una gota de alcohol.

No me malinterpretes: no creo que beber sea malo. ¡Pero sé que beber y conducir es muy malo! Sin embargo, he elegido no beber. A veces, mis amigos u otras personas se han burlado de mí por esta razón, pero no me importa porque ninguna burla hará cambiar mis principios.

Recuerda esto: ¡Si no defiendes algo, sucumbirás a todo!

No importa la adicción que sufras: puede que sea el alcohol, la nicotina, el comer demasiado, las drogas, la pornografía o miles de cosas que, cuando se abusa de ellas, te pueden hacer daño a ti y a los demás. Si no las superas, estas adicciones se apoderarán de ti, te machacarán e impedirán que alcances tu destino. Fue Epicteto quien dijo:

> Nadie es libre si no es dueño de sí mismo.

EJERCICIO

¿Qué adicciones (o malos hábitos) sufres que te gustaría dejar?

Hasta hoy, ¿qué ha impedido que decidieras dejarlas?

¿Qué pasos puedes empezar a dar, desde ahora mismo, para dejar tus adicciones o malos hábitos?

El exceso de alcohol o de otras sustancias es perjudicial para la salud. Como dijo el conferenciante y escritor Zig Ziglar, si tuvieras un caballo de carreras valorado en un millón de dólares, no le permitirías estar despierto toda la noche fumando y tomando alcohol y café como si mañana se acabara el mundo ¿verdad? ¡Claro que no! Entonces, ¿por qué hacérselo a nuestros cuerpos?

Cómo superar las adicciones

Sí, ya lo sé. Es muy fácil decir «No hagas eso», pero no hacerlo es mucho más difícil. Lo reconozco. A continuación, te presento varias opciones para ayudarte a superar las adicciones:

- Reconoce que tienes un problema. A menudo, esto supone una tranquilidad porque no tienes que «esconderte» o seguir «disimulando».
- Hazte esta pregunta: «¿Qué me pasará si no supero esta adicción?».
- ¿Perjudicarás tu salud? ¿Podrías acabar cometiendo un crimen? ¿Avergonzarías o provocarías otros problemas a tu familia? ¿Podrías perder el trabajo?
- Busca ayuda profesional. Todo el mundo, en un momento u otro, necesita ayuda, y más si se trata de acabar con un hábito o una adicción de mucho tiempo.
- Vive el día a día. No esperes estar curado en un abrir y cerrar de ojos. Igual que tardaste un tiempo en caer en las redes de la adicción, también tardarás un tiempo en librarte de ella.
- Concéntrate cada día en tus objetivos vitales. Esto te ayudará a centrarte en lo positivo de tu vida, a establecer un punto de partida en el futuro.

Después de superar tus adicciones, conseguirás dos de las cosas más deseadas por todo el mundo: más salud y más amor.

EL PODER DE UNA ACTITUD POSITIVA

Mucha gente me ha hecho la misma pregunta de varias maneras: «Patrick, estoy luchando para dejar mis adicciones y superar las adversidades, pero me cuesta mucho hacerlo y mantener una actitud positiva. ¿Cómo consigo ser optimista en estos momentos tan difíciles?».

Es una excelente pregunta. Y también es una pregunta importante porque sólo aquellos que dejen las adicciones y superen las adversidades alcanzarán su destino. En una conferencia, suelo aconsejar a los asistentes que no se den por vencidos. Te encontrarás obstáculos, claro, porque son parte de la vida, pero no dejes que te detengan. En lugar de eso, concéntrate en tu vida, en lo mucho que tienes por lo que dar gracias. Franklin Deleanor Roosevelt una vez dijo:

> Cuando llegues al final de tu cuerda, ata un nudo y cuélgate.

He aquí un ejemplo de una persona que siempre vio el lado positivo de la vida. Hace unos años, durante una visita de trabajo a Intel, conocí a un veterano de guerra llamado Ron Dyer. Como muestra de su patriotismo, tenía dos pequeñas banderas estadounidenses colgadas en la pared de su despacho. Le pedí a Ron que compartiera conmigo un poco de su filosofía de vida. Me dijo que, como había servido en Vietnam y su vida había estado en peligro varias veces, ahora era capaz de verlo todo con perspectiva. Luego, dijo:

> Cada día que pasa sin que me disparen, es un buen día, independientemente de qué otra cosa me pase.

¿Qué te parece como filosofía de vida? Creo que es una cita perfecta para que todos aprendamos a superar las numerosas dificultades a las que tenemos que hacer frente a diario y para contemplar los problemas con perspectiva. Cuando la vida te da un revés, concéntrate en lo que tienes, en aquello por lo que puedes dar gracias. Te animo a que cada día, mientras te duchas, hagas un repaso mental de todo lo positivo de tu vida.

> No celebres Acción de Gracias sólo una vez al año. ¿Por qué no celebrar las bendiciones de la vida a diario?

Si todavía te cuesta ver lo bueno de la vida y reconocer en qué aspectos has sido bendecido, te animo a que leas este poema anónimo. Está lleno de estadísticas de lo bueno de la vida. Si en tu caso son ciertas, aunque sólo sea la mitad, entonces tienes muy pocos motivos, por no decir ninguno, de estar deprimido.

DAR GRACIAS

➡ Si te levantaste esta mañana más sano que enfermo... eres más afortunado que el millón de personas que, según las estadísticas, no sobrevivirá esta semana.

➡ Si nunca has experimentado el peligro de la batalla, la soledad de la prisión, la agonía de la tortura y los dolores del hambre... le llevas mucha ventaja a unos quinientos millones de personas que sí han pasado por esos sufrimientos en el mundo.

➡ Si puedes pasearte por las calles sin temor a ser arrestado, torturado o muerto... eres más dichoso que tres mil millones de personas en el mundo.

➡ Si tienes comida en la nevera, ropa en el armario y un lugar donde dormir... eres más rico que el 75 % de la población mundial.

➡ Si tienes dinero en el banco, o en la cartera, y puedes dejar el cambio como propina cuando vas a un restaurante... estás dentro del privilegiado grupo del 8 % de personas ricas.

➡ Si tus padres todavía están vivos y siguen unidos... eres un caso excepcional, incluso en los Estados Unidos.

➡ Si puedes leer este mensaje, entonces estás recibiendo una doble bendición. Primero porque tienes la suerte de que haya caído en tus manos, y segundo, y más importante, porque hay dos mil millones de personas en el planeta que no saben leer.

➡ Que tengas un buen día, mira la suerte que tienes y distribuye esto a tu alrededor para que todos seamos conscientes de la suerte que tenemos.

EJERCICIO

Párate unos minutos y piensa en la suerte que tienes; después, escribe en una lista todas las cosas por las que debes estar agradecido. Siempre que te sientas un poco bajo de moral, léete la lista.

Ahora escribe las cosas por las que estás agradecido en tu vida y que podrías PERDER si NO superas las adicciones:

RESUMEN

Sin duda, te enfrenarás a varias adversidades en tu vida, grandes y pequeñas. Puede que también tengas adicciones u otros «malos hábitos» que te impiden conseguir tus objetivos. Todos, en alguna ocasión, sucumbiremos a una tentación u otra. Sin embargo, sólo los que estén preparados para HACER FRENTE y SUPERAR esas adversidades, tentaciones y adicciones exprimirán al máximo su potencial.

Intenta siempre pensar en qué te depara el futuro; ¡tienes que responsabilizarte por tus acciones! Nunca subestimes lo maravilloso y afortunado que eres si gozas de buena salud. Hay muchas cosas por las que debes estar agradecido. No des nunca nada por seguro.

Un problema con el que muchos nos encontramos es que, hoy en día, empezamos a trabajar alrededor de los veinte años, con buena salud, y nos pasamos los treinta años siguientes ganando dinero, sólo para ver cómo perdemos la salud por el camino. Cuando esto sucede (después de trabajar treinta años), nos gastamos todo el dinero que hemos ganado en intentar recuperar la salud que teníamos antes (de empezar a trabajar, claro). Si ves la auténtica verdad que se esconde detrás de estas palabras, entenderás el valor del tiempo en la vida, porque todos tenemos una fecha de caducidad (el tiempo es oro, no lo desperdicies). Si quieres más salud, el consejo que te doy es: ¡no dejes que la adversidad, la tentación, la adicción o el ganarte la vida te la roben! La salud es siempre mucho más importante que el dinero; si no te lo crees, pregúntale a alguien que haya perdido la salud y que todavía tenga dinero.

Cuando te enfrentes a un obstáculo en la vida, regresa siempre a este capítulo. No te hundas en la autocompasión; puedes superar, y lo harás, cualquier obstáculo que la vida te presente. Y, cuando lo hagas, seguro que disfrutarás de más salud y más amor.

SUPERA TUS MIEDOS ————————

Cuando un hombre se compromete con un estilo de vida, adquiere la mayor fuerza del mundo. Es algo que llamamos poder del corazón. Cuando ha adquirido el compromiso, nada puede evitar que consiga el éxito.

VINCE LOMBARDA

En los últimos tres capítulos hemos hablado mucho de crear una base económica sólida, anteponer la familia al trabajo y superar la adversidad, la tentación y la adicción. Ahora ha llegado el momento de poner en práctica los «nuevos pasos». En otras palabras, ¡que empiece el baile!

Sin embargo, éste es también el momento en el que mucha gente fracasa. ¿Por qué? Porque ahora ya no se trata de hacer planes y prepararse; ahora toca pasar a la acción. Y eso puede asustar a mucha gente. Los miedos pueden ser tan intensos y convincentes que las acciones son ineficaces; eso en el caso de que consigan pasar a la acción. El escritor David Joseph Schwartz dijo:

Haz lo que temes y el temor desaparecerá.

Para recordar la importancia de pasar a la acción y ayudarme a superar los miedos, recurro a varias frases:

• Pasar a la acción te hace superar los miedos.
• Acción igual a resultados.

- Los esfuerzos de este año pagan las facturas del año que viene.
- El trabajo de hoy financiará los sueños de mañana.

El escritor y conferenciante Les Brown ha dicho:

> Ahora moldeas tu futuro; lo que hagas hoy será lo que te deparará el futuro.

Creo que el punto de vista sobre pasar a la acción de Les Brown es una de las verdades universales de la vida. Aquí tienes otra visión del mismo concepto. Durante años, he guardado este extracto del foro de Murray McBride porque creo que hace especial hincapié en la importancia de pasar a la acción, sobre todo cuando se enmarca en la filosofía del miedo:

> Cada mañana, en África, una gacela se despierta. Sabe que tendrá que correr más que el león más rápido o la matarán.
>
> Cada mañana, en África, un león se despierta. Sabe que tendrá que correr más que la gacela más lenta o se morirá de hambre.
>
> No importa si eres león o gacela: CUANDO SALE EL SOL, ES MEJOR QUE EMPIECES A CORRER.

Ejercicio

Piensa en el momento en que estuviste preparado para emprender un gran proyecto, como empezar tu propio negocio, o para dar un gran paso personal, como mudarte a una nueva ciudad.

¿Sentiste miedo?

¿Cómo fue?

¿Qué hiciste para reducirlo o para superarlo del todo?

¿Qué aprendiste del miedo a partir de esa experiencia?

TODO EL MUNDO TIENE MIEDO

Algo que debes recordar cuando tengas miedo es lo siguiente: ¡todo el mundo tiene miedos! La clave está en aceptarlos y seguir adelante a pesar de ellos. Para mí, éste es el auténtico significado del valor.

Si, antes de empezar un proyecto, estás confundido y asustado, piensa en Cristóbal Colón en 1492. Cuando zarpó, no sabía a dónde iba. Cuando llegó, no sabía dónde estaba. Y, cuando regresó a España, no sabía dónde había estado. ¡Y, sin embargo, había realizado aquella magnífica exploración con financiación ajena!

Aquí tienes un ejemplo más reciente. En la historia moderna, no creo que nadie haya dejado más de lado sus miedos y se haya aventurado tanto como el difunto reverendo Martin Luther King. Concluyó su último discurso en Memphis, Tennesse, el 3 de abril de 1098 con estas palabras:

> Bien, yo no se qué va a pasar. Vamos a tener que enfrentar algunos días difíciles en el futuro. Pero no importa lo que pase conmigo ahora. Porque yo he estado en la cima de la montaña. Y ya no me importa. Como cual-

quiera, me gustaría vivir una larga vida. La longevidad tiene su lugar. Pero no estoy interesado en ella ahora. Sólo quiero hacer la voluntad de Dios. Él me permitió subir hasta la cima de la montaña. Y miré desde allí, y pude ver la tierra prometida. Puede ser que no llegue allí con ustedes. Pero esta noche quiero que sepan que nosotros, como pueblo, vamos a llegar a la tierra prometida. Y estoy feliz esta noche. No siento temor por nada. No temo a nadie. Mis ojos han visto la gloria de la venida del Señor.

Todos conocemos el trágico destino del reverendo King. Pero lo importante es recordar que aparcó sus miedos y siguió los dictados de su corazón. Y por eso, podría decirse que es uno de los líderes mundiales más importantes de la historia, porque sus logros en el terreno de los derechos humanos resonaron por todo el mundo.

Martin Luther King fue un hombre de Dios increíble. Y estoy seguro de que la fe lo ayudó a prepararse mejor para minimizar los miedos. King me recuerda la cita del reverendo Dick Gregory: «¡El miedo y Dios no habitan el mismo espacio!».

EJERCICIO

Primero piensa un momento y luego haz una lista de los sueños o actividades que pensaste hacer, un día u otro, y que nunca empezaste o terminaste por culpa del miedo o el temor:

Cuando tengas la lista, marca los que todavía estés en condiciones de cumplir cuando superes tus miedos.

Cómo dejar a un lado los miedos

Para tener éxito en la vida y alcanzar tu destino, debes desarrollar un sentimiento de CREENCIA y CONFIANZA en ti mismo. El novelista francés Anatole France (1844-1924) dijo:

> Para conseguir grandes cosas, no basta con actuar, también hay que soñar; no basta con planear, también hay que creer.

Superas los miedos y eres capaz de seguir los dictados del corazón sólo cuando confías en tus habilidades y crees en ti mismo. Te presento un poema anónimo que me parece que representa a la perfección este punto:

> El salto
> es aterrador
> desde
> donde estoy
> hasta donde
> quiero estar...
> Y como puedo ser
> lo que quiera,
> ¡cierro los ojos
> y salto!

Sí, ya lo sé. Confiar en uno mismo es mucho más fácil de decir que de hacer. Sin embargo, igual que Cristóbal Colón y Martin Luther King, debes aprender a dejar los miedos a un lado y perseguir tus objetivos. A continuación, te ofrezco varias formas concretas que he descubierto para reducir o eliminar el miedo. Lo llamo mi:

Proceso de destrucción del miedo

- Entiende que sólo se vive una vez. Por lo tanto, cada instante cuenta.

- Estudia el riesgo real de la situación. ¿Hasta qué punto es legítimo el miedo y hasta qué punto es sólo un producto de tu imaginación?
- Hazte la siguiente pregunta: «Si no lo hago, ¿me arrepentiré el resto de mi vida?». El arrepentimiento es una de las emociones más decepcionantes y desalentadoras.
- Pregúntate: «Si quiero conseguir mis objetivos, ¿hay algún miedo que deba superar?». A menudo, concentrarnos en lo que podemos conseguir, como los objetivos, ayuda a reducir el miedo.
- Y, por último, otra pregunta: «¿Es posible que esta situación me mate?». Sé que parece muy extremo, pero te ayudará a ver las cosas con perspectiva.

Ahora te daré dos ejemplos de momentos de mi vida en los que tuve que superar los miedos para romper una barrera y conseguir mis objetivos. Uno está relacionado con mi vida personal, y el otro con la vida profesional.

Cada mes de febrero, viajo con mi familia a Maui y nos quedamos en Kaanapali Beach. En el extremo norte de la playa hay una formación rocosa gigante que se adentra en el océano unos cuatrocientos metros. Es uno de los mejores lugares de Maui, por no decir de todo Hawái, para bucear. La llaman la «Roca Negra» y muchos de los niños de la isla saltan desde una altura de nueve o diez metros, por pura diversión. Pues bien, mi hijo Sam, que en aquella época tenía nueve años, después de observarlos durante algunos días, decidió que su padre (o sea, yo) y él iban a saltar desde allí. Aquel mismo día por la tarde, en la piscina del hotel, mi mujer escuchó cómo Sam les explicaba a sus amigos lo que íbamos a hacer.

¡Odio saltar desde lugares altos, por muy profunda que sea el agua!

Entonces, me di cuenta de que nunca le había explicado a mi hijo la historia de cuando escalé el Mount Washington (la montaña más alta al este del Misisipí). Fue durante el verano de 1981. Yo tenía doce años, y mi hermana y yo fuimos de excursión con unos amigos a las White Mountains de New Hampshire. En un punto de la excursión, mi amigo de trece años y yo decidimos coger otro camino y, al cabo de poco, nos vimos colgados en aquella pared del Mount Washington como dos crías de águila en el nido. Tuvimos que caminar al borde del precipicio por un caminito de treinta centímetros de anchura durante unos veinticinco metros para poder llegar al otro lado y estar a salvo. Aquella pared, que se había cobrado muchas vidas, tenía unos dos mil quinientos metros de caída vertical hasta el suelo. Estaba muerto de miedo porque, tranquilamente, habría podido caer y matarme. Sin embargo, fuimos muy despacio y sin cuerdas hasta que llegamos sanos y salvos al otro lado. Fue entonces cuando decidí que NUNCA más volvería a estar en lo alto de una roca, independientemente de las circunstancias.

Por lo tanto, ante el reto de saltar desde la roca de Maui y ver cómo mi hijo se cuestionaba mi valor, empecé a evaluar el salto desde todos los ángulos. Y aquí están las conclusiones a las que llegué:

- Me di cuenta de que sólo se vive una vez y que, al fin y al cabo, estaba de vacaciones.
- Estudié el riesgo implícito en la acción. Había visto saltar a muchos niños y ninguno se había golpeado con las rocas del fondo. Incluso los veía entrar en el agua con las gafas de buceo.

- Me pregunté: «Si no lo hago ¿qué pensará mi hijo de mí?». Obviamente, pensaría que era un miedica, y yo quería que me viera como a un héroe... igual que yo veo a mi padre, un golfista que ha conseguido tres hoyos en uno en su vida.
- Si quería ser aventurero, como reza uno de mis objetivos, tenía que saltar.
- Por último, llegué a la conclusión de que si saltaba todo lo lejos que pudiera, dejaría atrás las rocas y caería en el agua. (Puede que me golpeara muy fuerte contra la superficie cristalina, pero sabía que sobreviviría.)

Después de llegar a estas conclusiones, mi hijo y yo saltamos de la Roca Negra. En realidad, ¡saltamos dos veces! Y deja que te diga una cosa: ¡fue impresionante! Mi mujer nos hizo fotos a los dos saltando por los aires y son geniales. Ahora mi hijo cree que soy un «héroe» por haber saltado y siempre compartiremos este increíble recuerdo. Cada vez que vamos a Maui salto, al menos, una vez.

La razón de compartir esta experiencia contigo es para preguntarte:

➡ **Para ir desde donde estás hasta donde quieres estar, ¿desde qué rocas has de saltar?**

Y hablando de héroes, mi mujer y yo tenemos otro hijo, Jacob. Cuando era pequeño, solíamos llevarlo a la playa para que buscara cangrejos debajo de las rocas. Pronto aprendió que, cuanto mayores fuesen las rocas, más cangrejos habría debajo. Así pues, pasamos de levantar rocas pequeñas a levantar rocas más y más grandes. Al hacerlo, su emoción iba en aumento porque debajo de cada roca había más cangrejos. Y un día, señaló una roca enorme (del tamaño de una camioneta) y me dijo: «Papá, si pudieras levantar esa roca, serías mi héroe». No pude levantarla, pero siempre me acordaré de ese momento.

La pregunta que me gustaría haceros a los que sois padres es: ¿Qué puedes hacer para convertirte en el héroe de tu hijo? Debes entender que, a veces, para convertirte en el héroe de tus hijos debes aprender a superar tus miedos.

A continuación, te voy a explicar el ejemplo relacionado con superar los miedos en el terreno profesional. Me pasé cuatro años dándole vueltas a si tenía que sentarme y acabar este libro de una vez por todas. Al final, me di cuenta de que el «auténtico riesgo» para mi carrera era ignorar lo que el corazón me decía que debía hacer. El corazón me había dicho que este libro y la carrera de conferenciante eran mi pasión y que, si quería ser verdaderamente feliz y tener una vida plena, tenía que hacerlo. Si no hubiera escuchado este mensaje interno, podrían haber pasado dos cosas:

- Podría haberme pasado el resto de mi vida arrepintiéndome por mi no acción (o inacción) y siempre hubiera lamentado no explorar todo mi potencial.
- Podría haberme conformado con una carrera en el mundo de las ventas y llevar una vida decente; es decir, crearía riqueza para otra persona en lugar de para mí. Y entonces me preguntaría por qué había limitado mis opciones a «un trabajo» cuando podría haber conseguido mucho más.

Dejar que el miedo se interponga en tu camino y preguntarte qué pensarán los demás de ti mientras persigues tus sueños es natural. Sin embargo, Les Brown dice:

Nunca dejes que la opinión que otros tengan de ti se convierta en tu realidad.

No te preocupes por lo que los demás piensen de ti y de tus aspiraciones. ¡Sólo tú puedes medir el tamaño y la fuerza de tu corazón!

➡ **Si el corazón te dice cuál es tu pasión, síguela y te sucederán cosas increíbles. ¡Seguro!**

DOLOR Y PLACER

Dejar de lado tus miedos puede resultar una experiencia muy dolorosa. Soy el primero en admitirlo porque lo he vivido en carnes propias. Sin embargo, el dolor puede ser positivo. Antes de explicarte por qué, te invito a leer una pequeña historia:

El cartero llevaba cada día el correo a un hombre que estaba en el porche de su casa sentado con el perro. Siempre se preguntaba por qué el animal gemía. Al final, un día el cartero se lo preguntó, y el viejo le respondió: «Hay una astilla de madera en el porche que se le clava en el costado». El cartero dijo: «¿Y por qué no se levanta y se mueve?». A lo que el viejo replicó: «Bueno, supongo que no le duele lo suficiente como para moverse».

Muchos dolores son como los de este perro: pequeños y molestos pero no lo suficientemente intensos como para motivarnos a hacer algo. El famoso conferenciante motivador Anthony Robbins dice que las motivaciones humanas (acciones) surgen de dos fuentes: el deseo de evitar el dolor y el de conseguir placer.

Si hay algo que se te clava en el costado de la vida, no tengas miedo; no hagas como el perro y te quedes ahí sentado gimiendo. Te animo a que te levantes y hagas algo al respecto; emprende la acción o las acciones necesarias para controlar las circunstancias. Te garantizo que, si lo haces, habrás dado un paso más para alcanzar tu destino.

RESUMEN

Superar los miedos no es fácil, así que no voy a decir que lo es. Piensa por ejemplo, en todo lo que tuve que pasar antes de saltar de esa roca en Maui. Y ahora piensa en las rocas desde las que tienes que saltar en tu vida, las que te impiden conseguir tus objetivos. Y vuélvete a preguntar: para convertirte en el tipo de persona que quieres ser, ¿qué rocas tienes que saltar para seguir avanzando en la vida?

Con unas consecuencias mucho más serias que las que implica saltar al mar desde una roca, Martin Luther King aparcó sus miedos e hizo lo correcto, a pesar de que sabía lo que podía acabar sucediendo. Perdió la vida en el proceso pero, al final, liberó de la opresión a millones de personas.

Neil Amstrong y el resto de astronautas a bordo del Apolo 11 no tenían garantías de poder regresar a casa sanos y salvos cuando subieron a la nave con destino a la Luna. Héroes como Martin Luther King o Neil Amstrong nos demuestran que, sean cuales sean nuestros miedos, podemos superarlos y lograr grandes cosas.

Tienes que poder eliminar el miedo, o reducirlo en gran parte, para seguir avanzando en la persecución de tus objetivos y tu destino. Siempre que sientas que el miedo te «paraliza», vuelve a mi Proceso de Destrucción del Miedo.

Por último, no se me ocurre mejor mensaje relacionado con seguir adelante en la vida, persiguiendo los sueños a pesar del miedo, que lo que dijo Frank Herbert:

No debo tener miedo.
El miedo es el asesino de la mente.
El miedo es la pequeña muerte que
trae la destrucción total.
Dejaré que me pase por encima
y me atraviese.
Y cuando haya pasado
abriré el ojo interno para ver su camino.
Por donde ha pasado
no habrá nada.
Sólo quedaré yo.

Creo que quiere decir que cuando nos enfrentamos a nuestros temores, aprendemos a superarlos. Y, al final, ya no tenemos miedo. Durante este proceso de lucha interna ganamos más confianza en cada área de la vida.

Opino que el corazón sabe perfectamente qué es mejor para ti, así que debes escuchar lo que te diga y seguir sus dictados a pesar de los temores. No pasa nada por tener miedo, siempre que no te paralice. ¡Te animo a que escuches a tu corazón, dejes a un lado los miedos y vayas adelante!

Recuerda a los que te formaron

Capítulo 8

¿Quién, teniendo amor, es pobre?

Oscar Wilde

Ahora que ya has adquirido una visión positiva y agradecida hacia las personas y las cosas con las que has sido bendecido, y ahora que sabes que los momentos de «bajón» son sólo temporales, eres libre para perseguir tu destino; ¡un destino que será muy distinto al de cualquier otra persona!

Pero, ¡espera! Recuerda algo: mientras persigues tus sueños, POR FAVOR no te olvides de quiénes son las personas verdaderamente importantes en tu vida: la familia y los amigos más cercanos. A veces, estamos tan obsesionados persiguiendo nuestros sueños que nos olvidamos de ellos. Mientras persigues tu destino, debes pararte y recordar que, para recibir amor, debes darlo. Después de todo, ¡querer es un verbo!

Un amigo me envió el siguiente poema por correo electrónico. Me impresionó bastante (a pesar de llegar por un medio tan frío como internet y de que estaba escrito por un desconocido):

Al otro lado de la calle tengo un amigo
en esta gran ciudad que no tiene límites.
Pero los días pasan y las semanas vuelan
y, antes de darme cuenta, ¡ha pasado un año!

Y nunca llego a ver la cara de mi viejo amigo,
porque la vida es una carrera veloz y terrible.
Sabe que lo sigo queriendo,
como cuando iba a verlo a casa.

Y él venía a la mía, aunque entonces éramos más jóvenes,
y ahora somos hombres cansados y ocupados.
Cansados de jugar a este estúpido juego,
cansados de intentar hacernos un hueco.

Siempre digo: «Llamaré a Jim mañana»,
sólo para que sepa que pienso en él.
Pero mañana llega y se va,
y la distancia entre nosotros no hace más que aumentar.

Al otro lado de la calle… y tan lejos.
me llega un telegrama: «Hoy, Jim ha muerto».
Y, al final, esto es lo que tenemos y merecemos,
al otro lado de la calle, ¡un amigo que perdemos!

Por lo tanto, acuérdate siempre de decir lo que sientes. Si quieres a alguien, díselo. No tengas miedo de expresar en voz alta tus sentimientos. Atrévete a confesarle a una persona lo que significa para ti. Porque puede que cuando decidas que es el momento adecuado ya sea demasiado tarde. Sigue tus impulsos y no te arrepientas nunca. Y, lo más importante, mantente cerca de tu familia y tus amigos, porque ellos te han ayudado a convertirte en la persona que eres hoy.

Es un poema muy emotivo porque, en definitiva, la familia y los amigos son los que pueden darte más amor a lo largo de la vida. Todos queremos más amor, así que la única manera de conseguirlo es estar cerca de los que queremos.

EJERCICIO

¿Quiénes son las personas (familia, amigos, conocidos) que te han marcado en la vida?

¿Qué pasos puedes dar para estar en contacto con cada una de estas personas de manera regular?

¿Tienes algún amigo o familiar que necesite algún tipo de ayuda? Si es el caso, ¿qué puedes hacer por ellos?

LOS AMIGOS SON MUY IMPORTANTES

Mi mejor amigo se llama Dave Beauchamp. Nos conocemos desde pequeños; en realidad, mi madre y su padre fueron juntos al instituto en Flint, Míchigan, en los años cincuenta. Cuando se nos quemó la casa, Dave y su madre, Kathy, organizaron una recolecta de comida en el instituto (Kathy era una persona muy cariñosa y siempre fue una segunda madre para mí, hasta que murió en mayo de 1985). Del hotel, fuimos a pasar el verano a una casa de alquiler mientras arreglaban la nuestra, y todavía recuerdo las lágrimas de alegría de mi madre cuando vio llegar a Dave y a su madre con treinta bolsas llenas de comida.

Cuando terminamos la universidad, hice llegar el currículum de Dave a alguien que conocía. ¡Y lo contrató!

Todavía hoy seguimos siendo amigos. De hecho, no pasa un mes sin que uno de los dos llame al otro. En 1996, vino a Seattle en un viaje de negocios. En aquella época, yo intentaba decidir si debía volver a empezar la carrera de conferenciante y me estaba planteando escribir un libro. Dave me animó. «Tienes una buena historia que explicar —me dijo—. ¡Y la gente te escuchará!»

Siempre he apreciado sus palabras, que me han servido de inspiración a lo largo del camino. ¡Gracias, Dave! La amistad que alimentamos nos ayuda a obtener más felicidad. Nuestra amistad me recuerda lo que Abraham Lincoln dijo en 1849: «Lo mejor de la vida es la amistad».

Las palabras de Dave me inspiraron para escribir este libro. Si tú también tienes una buena historia que explicar y quieres publicar un libro, visita mi página web www.CreateYourOwnDestiny.com y abre el apartado de «Ayuda para publicar» («Publishing Help»), donde encontrarás cómo puedo ayudarte. Con Dave y mi coach de retórica, Albert Mensah, aprendí que la gente sólo quiere escuchar historias para entretenerse (películas, libros, videojuegos, etc.).

Por lo tanto, te animo a no olvidar nunca esos grandes momentos e historias que has compartido con tu familia y tus amigos a lo largo de los años. Porque, al final, lo único que nos quedará serán las historias. Por eso me gusta tanto hablar con la gente, porque los escucho y aprendo mucho con sus historias y su sabiduría.

Me gustaría que hicieras lo mismo que Dave y Albert han hecho por mí: pensar en otras personas, aparte de los amigos más cercanos, que también te hayan animado. Quizá un entrenador, quizá un profesor o seguramente un sacerdote.

Dos hombres a los que me gustaría dar las gracias por haberme formado son Bill McCarrick y Rob van Pelt. Bill fue mi entrenador de fútbol americano y béisbol en el colegio. Rob fue mi entrenador de fútbol americano y baloncesto en el instituto. Estos dos individuos trabajaban para las escuelas locales de la zona, pero también hacían de entrenadores para devolver algo a la comunidad. Los dos me enseñaron el verdadero sentido de la competición y del trabajo en equipo. Me enseñaron que ganar no lo era todo, que lo más importante era hacerlo lo mejor posible para intentar ganar. Ésta es, realmente, la definición de éxito. Ambos me enseñaron a ir un poco más allá y no caer en la trampa de la mediocridad. Los dos tienen unas familias maravillosas y, a pesar de todo, siempre me trataron como a un hijo.

Como consecuencia de los principios que estos dos hombres magníficos me inculcaron a una edad temprana, fui capaz de aplicar esos conocimientos y esa confianza en el mundo empresarial. Cuando, en la universidad, sufrí la lesión en la espalda que acabó con mi carrera deportiva, gracias a lo que esos dos entrenadores me habían enseñado fui capaz de transferir la disciplina deportiva a los estudios y, más tarde, a mi carrera profesional.

Gracias a estos conocimientos, siento que tengo ventaja sobre mis competidores en el mundo empresarial. ¡Gracias, Bill! ¡Gracias, Rob! ¡Son dos hombres extraordinarios! De hecho, fue Rob van Pelt quien, con la siguiente frase, me enseñó la diferencia entre ganar y perder:

La diferencia entre ganadores y perdedores es que los ganadores aparecen pensando en la victoria y los perdedores lo hacen deseando la victoria.

Gracias a ellos, hoy ayudo a entrenar a los equipos de baloncesto y béisbol de mis hijos. E intento inculcarles los mismos mensajes que Bill y Rob me enseñaron.

Y sólo puedo esperar que, cuando mis hijos crezcan y entren en los equipos deportivos del instituto, algún día tengan un entrenador como Bill y como Rob.

EJERCICIO

Piensa en un amigo que te haya ayudado con sus palabras y su apoyo. ¿Cómo puedes decirle: «Gracias»?

Ahora piensa en otro amigo cercano. ¿Qué puedes hacer para inspirarlo y ayudarlo?

LA FAMILIA ES MUY IMPORTANTE

Todos tenemos a alguien especial en nuestras vidas, ya sea la madre o el abuelo. La pregunta es: ¿Qué vas a hacer (o qué puedes hacer) para demostrarle lo agradecido que estás por todo lo que han hecho por ti a lo largo de tantos años para convertirte en la persona que eres hoy en día? Mis padres se jubilaron hace poco e, igual que muchos matrimonios jubilados que gozan de buena salud, están algo preocupados por su situación económica a largo plazo. No me imagino la cantidad de dinero que se habrán gastado conmigo desde que nací hasta la universidad, pero tengo el ardiente deseo de devolvérselo ayudándolos de alguna manera. Me encantaría ganar la lotería y darles la mitad del premio. Me han dicho que no necesitan que les ayude pero, aún así, siento que quiero hacerlo. Sin embargo, no tienes que compensar o «pagar» a los que te formaron. En lugar de eso, puedes escribirles unas cartas preciosas donde les agradezcas, desde lo más profundo de tu corazón, todo lo que han hecho por ti. Te sorprenderá el cariño que verás reflejado en sus ojos.

Por último, visita a tu familia lo más a menudo posible, o pon facilidades para que ellos te visiten a ti. Acéptalos tal como son y, ante todo, no intentes cambiarlos. Quiérelos por lo que son y dales siempre las gracias por lo que han hecho por ti.

También he aprendido lo importante y reconfortante que es hablar por teléfono con mis padres a menudo y pedirles consejo sobre cualquier cosa.

RESUMEN

Recordar a los que contribuyeron a formarte es una parte importante de poder «devolver algo» en la vida. Es más, puedes utilizar las experiencias positivas de las personas que te han ayudado para ayudar a los demás. El mundo será un lugar mucho mejor si pensamos menos en nosotros mismos y más en los demás. Zig Ziglar dijo:

> La clave para conseguir todo lo que quieres en la vida es animar a los demás a que consigan lo que quieren.

Y tiene toda la razón. A la gente sólo le preocupa lo que sabes cuando conocen lo que te preocupa. Por lo tanto, no olvides NUNCA a los que te han formado. Si no encuentras la manera de compensárselo, haz el favor de guiar a un joven y enseñarle el camino, igual que alguien hizo contigo una vez. Ese joven te estará eternamente agradecido por tu tiempo y energía. Una de las mejores inversiones que podemos hacer es pasar tiempo con la juventud, porque son el futuro.

Recuerda: por mucho que queramos, no podemos cambiar a otro ser humano.

➨ **Si quieres influir en otra persona o en una organización, entonces debes «ser» el cambio que quieres ver. ¡Es el auténtico significado de liderazgo!**

Por último, te animo a que cojas una fotografía de cada persona que ha tenido una influencia positiva en tu vida, la enmarques y la cuelgues en la pared de tu oficina. Será tu «Salón de la Fama» y te servirá para recordar a los que te han formado.

*¡Encuentra algo que te guste hacer y no tendrás
que volver a trabajar ni un día más en la vida!*

HARVEY MACKAY

Hasta ahora, hemos soñado, planeado, establecido muchos objetivos y realizado mucho trabajo de base financiero y de motivación relacionado con nuestro destino. Sin embargo, la planificación no siempre es suficiente y, en algún momento, tenemos que pasar a la acción.

Y no todas las acciones deben ser físicas. También pueden ser mentales. Las acciones mentales se llaman decisiones y, a la hora de crear tu propio destino, son tan importantes como las físicas.

Mi padre siempre solía decirme que, cuando me enfrentara a una situación o a una oportunidad, el hecho de no tomar la decisión de hacer esto o aquello ya era una decisión; en este caso, optaba por no hacer nada respecto a esa situación.

Seguro que habrás oído esta frase: «¡En la vida, los que dudan, pierden!».

Es parecido a la situación en la que esperas incorporarte al tráfico. Si ves un hueco, puedes quedarte quieto y esperar o puedes avanzar. Si empiezas a salir y decides retroceder o dudas, lo más seguro es que algún coche choque contra ti. Pues en la vida sucede lo mismo.

Esto me recuerda a cómo conseguí un trabajo muy lucrativo (básicamente, gracias a las acciones). En aquella época, no estaba buscando trabajo, porque estaba muy contento en Toppan Electronics. Sin embargo, hacía algunas semanas que un trabajador de recursos humanos de Merix intentaba convencerme para que aceptara un puesto en el departamento de ventas. Pues bien, un día, a eso de las diez y media de la mañana, recibí una llamada de John Cavanaugh, el gerente de ventas de Merix. Estaba en Seattle y le acababan de cancelar una cita para comer, así que me llamaba para saber si me interesaría comer con él a modo de primera entrevista informal. Al principio, dije que no porque pensé: «¿¿Por qué voy a pasarme una hora en el coche (una para ir y otra para volver) para comer con alguien de otra empresa si estoy muy contento con mi trabajo actual?». Colgué pero, enseguida, pensé: «¡En la vida, el que duda, pierde!». Lo llamé inmediatamente y acepté la invitación.

Para abreviar, aquella primera comida sentó las bases de una posterior oferta de trabajo. Fue la primera empresa en la que gané una cantidad de seis cifras en sueldo anual más comisiones, y también fue la primera que me ofreció una cantidad importante de acciones (y todo porque no dudé). Pasé a la acción inmediatamente (sólo pasaron un par de segundos entre el momento de colgar y el de descolgar otra vez) y fui detrás de la oportunidad que me habían presentado. Puede que tu oportunidad aparezca igual de deprisa, así que es muy importante no dudar y pasar a la acción de inmediato.

➠ **Las oportunidades nunca se pierden. Siempre las encuentran otras personas que actúan más deprisa.** También puedes ver el pasar a la acción de otra manera: has copiado canciones de varios artistas en una cinta o en un CD. Las canciones ya están allí, listas para que las escuches. Pero sólo escuchas la música y el resultado de tu esfuerzo cuando aprietas el «Play». Pasar a la acción es eso: apretar el «Play» en tu vida.

Sé lo que muchos debéis estar pensando: «Estoy demasiado ocupado», o «Decirlo es muy fácil, pero tengo mujer, hijos y otras responsabilidades que me roban todo el tiempo», o «Voy a clase por las noches y no tengo tiempo».

Todos tenemos restricciones de tiempo. La clave está en aceptarlo y seguir avanzando, aunque sea sólo un poco cada día. Puede que esta frase te ayude: «La vida es dura pero, poco a poco, es pan comido». Henry Ford dijo:

> No hay nada particularmente difícil si lo divides en pequeñas tareas.

No importa lo deprisa que avances hacia tus objetivos. Lo importante es que lo hagas con regularidad, porque este ritmo diario se va acumulando y acaba dando resultados. La acción de cada día, por pequeña que sea, te acercará un paso más a tu destino.

¿Sigues pensando que no puedes hacer algo cada día? Aquí tienes una lista de las muchas cosas sencillas que puedes hacer todos los días para seguir acercándote a tu destino:

- Repasa tus objetivos.
- Haz una llamada o envía un correo electrónico.
- Lee un párrafo de un libro de motivación o de un libro relacionado con tu destino.

- Prográmate una sesión de quince minutos a solas para hacer una lluvia de ideas nuevas.
- Escribe durante veinte minutos algo relacionado con tu destino como, por ejemplo, el currículum (o actualízalo), un plan profesional o una carta a un cliente o socio potencial.
- Recupera y revisa algo que escriviste con anterioridad.
- Busca información que necesites en internet o en la biblioteca.
- Comparte tus ideas con personas afines a ti y forma un equipo.

Hay muchas, muchas manera de pasar a la acción cada día del año. Esto es básico para tener éxito porque ACCIÓN ES IGUAL A RESULTADOS. Una de mis citas preferidas relacionadas con pasar a la acción es anónima:

> Si supieras que lo que hicieras hoy podría cambiar cómo te sentirías mañana, ¿actuarías de otra manera?

Es verdad. Te aseguro que, si realizas pequeñas acciones cada día encaminadas hacia tu destino, cuando dentro de cinco o diez años las sumes, obtendrás valiosos resultados. De hecho, creo que no sólo alcanzarás tus objetivos, sino que los superarás.

Míralo de esta manera: el éxito de un día para otro no existe. Susan Friedmann, una escritora amiga mía, dice:

> Para conseguir el éxito de un día para otro se necesitan entre diez y quince años.

Creo que esto es verdad si haces una acción cada día para seguir tu pasión y alcanzar tu destino. Sin embargo, imagínate que rompes todos los esquemas y, para conseguir tus objetivos, haces dos acciones al día; alcanzarías el éxito en cinco o siete años. Y si hicieras tres acciones al día, tardarías entre tres y cinco años.

Este libro que estás leyendo, por ejemplo, no es más que el resultado de escribir un poco aquí y un poco allá por las mañanas o por las noches durante un período de cinco años. Lo empecé en 1996 y lo terminé en 2001. A veces, pasaba varios meses sin escribir porque estaba demasiado ocupado con otras cosas (entre ellas, un calendario de viajes de trabajo muy apretado). Sin embargo, como puedes observar, la ejecución del poco a poco en el tiempo tiene un resultado significativo. Ya se han vendido más de sesenta mil ejemplares y ha ayudado a miles de personas a perseguir sus pasiones y a crear su propio destino. A mí me funcionó y estoy seguro de que tus acciones diarias para ejecutar tu plan de acción pueden generar los mismos grandes resultados.

EJERCICIO

Piensa en tus objetivos y destino y, después, haz una lista de cinco formas de ejecutar tu plan cualquier día de la semana:

1. ---
2. ---
3. ---
4. ---
5. ---

CORRER RIESGOS

Uno de los mayores inconvenientes de pasar a la acción es la necesidad, en muchos casos, de correr riesgos. Puede asustar, porque existe la posibilidad de fracasar o de parecer un inepto, de estar poco preparado.

Sin embargo, tienes que arriesgarte para seguir avanzando hacia tu destino. Aquí te dejo otra de mis citas preferidas, de George Elliot, que saqué de Successories (mi empresa de motivación favorita. Puedes llamarlos al (800) 535-2773 o puedes visitar su página web: www.Successories.com).

> ¡Sólo los que se arriesgan a ir demasiado lejos pueden descubrir lo lejos que pueden ir!

Creo que si deseas conseguir lo que quieres, debes ejecutar tu plan y no quedarte sentado esperando a que pase tu barco. Creo que cuando tu barco pase, puede que no llegue hasta la orilla. Piensa en todos los cruceros que ves; muchos de los que visitan archipiélagos de pequeñas islas, se quedan fondeando a unos dos kilómetros de la costa. Por lo tanto, cuando tu barco pase, si quieres alcanzar tu destino, vas a tener que reunir el coraje suficiente como para alejarte de la orilla y nadar hasta él.

Otra cita de Successories que creo que analiza con un poco más de profundidad este asunto es:

> No puedes descubrir nuevos océanos a menos que tengas el valor de perder de vista la costa.

EJERCICIO

Reflexiona por un segundo acerca de algún peligro que pasaste en tu vida. ¿Qué miedos o sensaciones se hicieron presentes mientras analizabas el riesgo?

¿Qué te impidió seguir adelante o te empujó a actuar a pesar del riesgo?

¿Qué lecciones de aquella situación podrían ayudarte en un futuro ante cualquier otro riesgo?

Para garantizar tu destino, debes correr riesgos y superarlos. Porque la verdad es que EL AUTÉNTICO RIESGO ES NO ARRIESGARSE. Eso sí, salta pero siempre con paracaídas. No te preocupes por el «fracaso», sólo es una palabra. En la vida no existe el «fracaso», sólo hay lecciones. Avanza corriendo riesgos. Quedarás muy satisfecho con los resultados. Necesitas ejecutar tu plan a diario, a pesar de los riesgos.

ENCONTRAR MÁS TIEMPO

Acabamos de hablar de correr riesgos. Y ahora me gustaría demostrarte cómo encontrar más tiempo en el día a día.

Siempre que me refiero a la ejecución diaria de un plan, casi siempre obtengo la misma respuesta: «Patrick, no tengo tiempo». Hay quien lo vería como una razón legítima. Yo no; para mí es una excusa.

➡ **Si no tienes ni un segundo de tiempo libre en estos momentos, tienes que plantearte muy seriamente ejecutar un plan y perseguir un destino que, más adelante, te permita disfrutar de más tiempo libre.**

Si es tu caso, si recorres a excusas para no hacer algo, aquí te presento varias maneras de encontrar más tiempo a diario para ejecutar tu plan de juego:

- Apaga el televisor. Si miras la televisión, mira sólo aquellos programas que estén relacionados con tu destino. Por ejemplo, si quieres saber cómo las personas que admiras superaron los obstáculos y las adversidades que la vida les presentó y llegaron a conseguir grandes cosas, mira el canal biográfico.
- Lleva siempre encima el libro que estés leyendo. Y cuando veas que tienes un rato libre, como cuando esperas a alguien y llega tarde, no perderás el tiempo; puedes invertirlo leyendo sobre algún tema relacionado con tu destino.
- Lleva siempre encima el teléfono móvil. Te permite realizar y recibir llamadas durante momentos «muertos» o «de transición», o en cualquier otro momento que normalmente no hubieras hecho nada.
- Limita las conversaciones. Hablar con los amigos y la familia es muy agradable. Pero demasiadas conversaciones pueden suponerte una pérdida de tiempo extraordinaria al día. No seas maleducado pero limita las conversaciones lo máximo posible, sobre todo en el trabajo; una buena manera de hacerlo es cerrar la puerta del despacho.
- No duermas hasta tarde los fines de semana. He descubierto que un buen momento para trabajar en mi sueño es el sábado y el domingo de seis a nueve de la mañana, antes de que se despierten los niños. La satisfacción de empezar el día haciendo planes para alcanzar tu sueño es indescriptible.
- Limita el tiempo de navegar por internet. No navegues por la red a menos que estés buscando algo en concreto relacionado con tus objetivos o tu destino. Tu tiempo es oro; no lo desperdicies conectado.

- Mantén el ordenador limpio de virus, molestos *popups* y piratas informáticos. Puedes perder grandes cantidades de tiempo y productividad si tienes que ir solucionando estos problemas cada día.
- Ignora las noticias deportivas. Los resultados y las estadísticas pueden ser adictivos (lo sé). ¿Quién preferirías ser, alguien que sabe al dedillo la media de bateo de los veinte mejores jugadores de la liga de béisbol pero que no tiene ni un céntimo en el banco, o un millonario que no tiene ni idea de qué equipo tiene más posibilidades de ganar la Stanley Cup de hockey?
- Controla las horas de comer. Puede ser una hora excelente para trabajar en tu sueño. Intenta organizar comidas de trabajo lo más a menudo posible con gente que sabes que pueden ayudarte a alcanzar tu destino.
- Contrata a alguien que se encargue de la casa. Supone un gasto, por supuesto, pero la pregunta que debes hacerte es: ¿en qué inviertes mejor tu tiempo, limpiando el baño o trabajando en tu sueño?

Estas ideas seguro que te ayudan a encontrar más tiempo durante el día o a la semana. Utilízalo para ejecutar tu plan de juego. Como he dicho antes, es importante que te des cuenta de que, si ahora no tienes tiempo libre, SERÁ MEJOR que la implementación del plan de juego te ofrezca la posibilidad de tenerlo más adelante. Si no, pasarán veinte años y estarás en las mismas condiciones que ahora.

Esto me recuerda la historia del hámster. Si observas a un hámster en la rueda de la jaula, sabrás de lo que estoy hablando. El animal puede entrar en la rueda y correr como un loco durante veinte segundos (o incluso veinte minutos) y, cuando sale, se da cuenta de que no se ha movido de la jaula. ¿Cuál es la diferencia entre el hámster y tú? Podrías correr como un loco en la rueda empresarial durante veinte años y hacer muy pocos «progresos» reales, si es que haces alguno; es decir, básicamente seguirías en el mismo lugar que cuando empezaste a correr, aunque ahora eres veinte años más viejo. ¿O preferirías encontrar tiempo para perseguir un destino que te diera más tiempo, más dinero y más libertad?

Para entender mejor este fenómeno del hámster, te recomiendo que leas dos libros de Ribert Kiyosaki: *Padre rico, padre pobre* y *El cuadrante del flujo de dinero*. Luego juega a lo que él ha bautizado como «Flujo de dinero 101», donde se enseña que la única manera de ganar en la vida es salirse de la rueda lo antes posible.

EJECUTA HOY Y BENEFÍCIATE MAÑANA

Hay un viejo dicho que reza: si haces lo que siempre has hecho, ¡obtendrás lo que siempre has obtenido!

Si de verdad quieres ser libre, debes ejecutar tu plan a diario; si no, ¡un día morirás como una persona incompleta! Y no quiero que te pase. ¡Quiero que consigas todos tus objetivos y tu destino!

Otra idea: aquí tienes una definición de locura (humorística pero muy cierta) que una vez le escuché a alguien:

> Hacer lo mismo una y otra vez y esperar resultados distintos.

Si de verdad quieres alcanzar tu destino, obligatoriamente debes dejar a un lado las excusas y los lamentos y ejecutar tu plan a diario. Como solía decir Bill McCarrick, el mejor entrenador de fútbol americano que he tenido:

> ¡Si quieres ganar, tienes que jugar incluso cuando estás dolorido!

Tarde o temprano, aprenderás que TODOS los que han conseguido grandes cosas en la vida, alguna vez «jugaron doloridos».

Perseguir tu destino y ejecutar el plan a diario será «doloroso» algunas veces pero la recompensa, en términos de objetivos alcanzados y destinos creados, vale la pena.

EJECUCIÓN A DIARIO

Un ejemplo de la ejecución a diario de mi plan que estoy seguro que jamás olvidaré se produjo en noviembre 1994, cuando tuve la oportunidad de conocer al presidente de los Estados Unidos, Bill Clinton. Aunque no te lo creas, fui yo quien provocó la situación. Sabía que si podía colocarme en el lugar adecuado, en el momento indicado, un pequeño encuentro sería inevitable. En otras palabras, transformé la oportunidad en realidad.

Esto es lo que ocurrió. Cuando vivíamos en Seattle, mi familia y yo íbamos a misa a una iglesia bastante grande. En las semanas anteriores al encuentro, me enteré de que el presidente visitaría la iglesia en un acto de campaña para la reelección. Así pues, marqué esa fecha en mi agenda para asegurarme de no perdernos el servicio religioso ese día.

Aquella mañana, cuando me desperté, le dije a mi mujer que aquel día iba a conocer al presidente. Llegamos a la iglesia media hora antes del servicio para asegurarme de que podía sentarme junto al pasillo central, porque me imaginé que, cuando el sacerdote diera por terminada la misa, el presidente saldría por allí.

Para resumir un poco la historia, te diré que el presidente entró por una puerta lateral rodeado de, al menos, una docena de agentes del servicio secreto. Al final de la misa, el presidente y sus guardaespaldas salieron por el pasillo central, donde yo estaba sentado. Caminaba bastante deprisa. Era obvio que NO iba a detenerse a saludar a nadie, ni tenía la intención de hacerlo. Pero, obviamente, ¡todavía no había conocido a Patrick Snow!

Con lo oportunista que soy, no me iba a conformar viéndolo pasar sin darle la mano. Así que, me coloqué en medio del pasillo y extendí el brazo derecho... listo para darle la mano. Al hacerlo, vi que los agentes se asustaban. Cuando decidieron que era inofensivo, retrocedieron. Le ofrecí la mano al presidente y le dije: «Me llamo Patrick Snow, ¡es un placer conocerlo!». Me dio una fuerte encajada de mano con la derecha, apoyó la mano izquierda en mi antebrazo y dijo: «Es un placer conocerlo, Patrick».

Mientras esto ocurría, y sin que yo lo supiera, el fotógrafo de la iglesia se colocó detrás nuestro e hizo una foto de la encajada de manos mientras el presidente y yo nos mirábamos a los ojos. Después, el presidente salió del edificio y se metió en una limusina, sin darle la mano a nadie más. Para mi sorpresa, esa foto fue portada del periódico de la iglesia. Con el tiempo, me dieron el original de la foto como recuerdo (y así puedo demostrarles a mis amigos que mi breve encuentro con el presidente fue verdad). Lo que intento decirte con este ejemplo es que, gracias a la planificación con tiempo, la preparación y la ejecución del plan, conseguí convertir aquel acto en una realidad.

→ **Sencillamente, vi lo invisible (el futuro como yo deseaba que fuera) y, por lo tanto (y gracias a que mis acciones ya casi formaban parte natural de mi persona), fui capaz de conseguir lo imposible. Aunque no lo sepas, tú también tienes esta misma habilidad. ¡Lo único que tienes que hacer para pasar a la acción es creer en ti mismo y ejecutar el plan a diario!**

Por cierto, el sacerdote dio un gran sermón, pero yo sólo estaba allí para conocer al presidente de los Estados Unidos. ¿Cuánta gente puede decir que no sólo les han hecho una fotografía con el presidente, sino que, además, esa fotografía ha salido en la portada de un periódico? ¿Te imaginas que aquel domingo, en lugar de ir a la iglesia, hubiera decidido quedarme durmiendo, en vez de ir a conocer al presidente de los Estados Unidos? ¿Qué podrías conseguir si cada fin de semana te levantaras temprano? He escrito (y reescrito) este libro en su práctica totalidad durante los días entre semana y las mañanas de los fines de semana antes de que mis hijos se despertaran.

Te animo a que ejecutes tu plan a diario como si sólo te quedaran treinta días de vida. Te sorprenderá ver lo mucho que puedes conseguir en un período de tiempo tan corto si incorporas a tu rutina ese sentido de la urgencia. ¡Acabarás creando tu propio destino más deprisa de lo que habías imaginado!

RESUMEN

La ejecución a diario del plan de juego de manera regular es la clave MÁS importante para crear tu propio destino en la vida. Por lo tanto, debes preguntarte: si no ejecutas tu plan a diario, ¿qué objetivos no consigues y qué oportunidades se te están escapando por el mero hecho de no ser constante? Luego, pregúntate qué te retiene. Cuando sepas cuáles son tus obstáculos, haz lo que esté en tu mano para superarlos. Si ves que lo que te frena es la falta de conocimientos o de experiencia, aprende a hacerlo o contrata a alguien más experto que tú para que haga ese trabajo.

Si ejecutas tu plan de juego a diario durante cinco o diez años, te aseguro que no sólo conseguirás tus objetivos, sino que los superarás. A estos logros los llamo «infraprometedores» o «sobrerecompensados».

Terminaré este capítulo con una de mis citas predilectas de Mark Twain, que demuestra la importancia de correr riesgos a medida que ejecutas tus planes en busca de tu destino:

RIESGOS

> Dentro de veinte años
> estarás más decepcionado
> por las cosas que no hiciste
> que por las que hiciste.
> Así que suelta los cabos de tus velas.
> Navega lejos del puerto seguro.
> Atrapa los vientos favorables en tu velamen.
> Explora. Sueña. Descubre.

EMPIEZA UN NEGOCIO PROPIO _____

CAPÍTULO 10

> *Actúa con astucia y las fuerzas ocultas*
> *acudirán en tu ayuda.*
>
> BRIAN TRACY

Y ahora, ¿qué? Bueno, espero que, como resultado de leer este libro, hayas llegado a la misma conclusión que yo: que es virtualmente imposible crear tu propio destino siendo empleado ajeno. Sin embargo, como dueño de tu propio negocio, creo que las posibilidades de obtener más tiempo, más dinero, más libertad, más salud, más amor y más felicidad en la vida aumentan considerablemente.

Como dije en el capítulo 4, mi solución para ser rico es ser propietario y dirigir tu propio negocio. Además, si quieres seguir avanzando y quieres crear una tranquilidad económica a largo plazo con vistas a la jubilación, tener un negocio propio no sólo es una buena idea, es una necesidad. Creo firmemente en lo que el coach empresarial Brent Brodine opina sobre esto:

> ¡Jubilarse con un millón de dólares en el banco no es un lujo, es una necesidad!

Si lees este libro y eres un próspero empresario por cuenta propia, pasa al siguiente capítulo, si quieres. Si eres un pequeño empresario por cuenta propia pero no alcanzas las cotas de éxito deseadas, entonces estoy seguro de que en este capítulo descubrirás grandes ideas.

Si, por otro lado, no estás satisfecho en el trabajo y quieres empezar un negocio propio o, al menos, quieres estudiar esta posibilidad, entonces este capítulo es el que más te interesa de todo el libro. (Si has llegado hasta aquí y todavía no sabes qué tipo de negocio te gustaría empezar, te recomiendo que visites mi página web www.CreateYourOwnDestiny.com y abre el apartado de «Material Gratuito» («Free Stuff») para obtener más información sobre las muchas oportunidades empresariales que hay.)

Espero que cuando, en el capítulo anterior, escribí que el éxito no se consigue de un día para otro, me creyeras. Bueno, pues empezar un negocio próspero es igual. No obstante, creo que cualquiera puede tener éxito con un negocio si se trata de algo que le apasiona y en lo que cree. Los negocios prósperos necesitan tiempo, dinero, energía y, más que nada, acción, ¡y la acción nace de la pasión!

En este capítulo te describiré cómo hacer todo esto sin gastarte una fortuna. Utiliza este capítulo como programa para conseguir la MEJOR opción de tener éxito en tu negocio. También te recomiendo que aproveches internet y lo utilices como una fuente estratégica para ampliar las posibilidades de éxito de tu negocio. Este capítulo está diseñado para ofrecerte muchas estrategias sobre cómo empezar un negocio próspero mientras utilizas internet como socio.

Siete características deseables para empezar un negocio propio

En mis apariciones como invitado en cientos de programas de radio por todo el país (dirigiéndome a trabajadores insatisfechos), siempre me preguntan cuál creo que es el MEJOR negocio que uno puede empezar. Y siempre digo que el negocio «perfecto» no existe, pero que los mejores negocios comparten estas «siete características deseables», que te permiten:

- Trabajar desde casa (según tus horarios).
- Desarrollar tus pasiones (jamás tendrás éxito si no haces algo que te guste).
- Operar sin tener que contratar empleados (no quieres ser una niñera).
- Empezar con una pequeña inversión (las franquicias pueden costar cientos de miles de dólares).
- Ganar dinero incluso cuando duermes (una tienda en internet ofrece flexibilidad).
- Crecer sin tener que comprar grandes cantidades de inventario (los garajes son para los coches).
- Utilizar INTERNET como escaparate para vender tus productos y servicios a escala mundial.

Creo que hay un millón de maneras de ganar un millón de dólares. Sólo necesitas saber explotar una. Y aunque hay miles de negocios geniales ahí fuera y muchos compartan estas siete características, para mí hay tres sectores que sobresalen: la inversión inmobiliaria (por la revalorización del mercado), el netmarketing (por el trabajo en equipo y los ingresos residuales) y, quizá mi favorito, un negocio de marketing por internet (con la consiguiente capacidad de acceder al mercado global 24 horas al día, siete días a la semana).

Guía para empezar un negocio próspero

En su libro *Jump Start Your Business Brain*, Doug Hall menciona que hay mucha gente que se involucra en un proyecto sin realizar las debidas diligencias correctamente. Estas diligencias son las que facilitan el éxito de un negocio. De hecho, comenta que mucha gente empieza negocios a pesar de tenerlo todo en contra. Argumenta que tienes más posibilidades de ganar en el casino que de triunfar en algunos negocios. Si te decides por el casino, defiende que, en el 47 % de los casos, la ruleta es la mejor opción.

Yo creo que si sigues estas veinte sugerencias (que he desarrollado a lo largo de los años a resultas de mis éxitos y contratiempos empresariales), tus opciones de tener éxito superan el 47 %. Si decides ignorarlas, puede que realmente sea mejor que vayas al casino, porque allí tendrás más posibilidades.

1. Persigue las pasiones más comercializables.
2. Consigue el apoyo emocional de tu pareja (o familia).
3. Realiza un estudio de viabilidad.
4. Conoce tu mercado.
5. Aprovéchate de todas las deducciones fiscales.
6. Minimiza los gastos empresariales.
7. Céntrate en el marketing.
8. No gastes dinero en publicidad.
9. Haz un presupuesto con el triple de dinero y tiempo de lo previsto.

10. Quizá tengas que arriesgar más de lo que crees.
11. Asóciate con personas con más talento que tú.
12. Haz que tu negocio prospere a través de las relaciones y las referencias.
13. Como recurso publicitario: hazte notar.
14. Determina tu estrategia de salida.
15. Consigue un instructor o un mentor.
16. Únete o crea un grupo de Mentes Superiores.
17. Determina tu solución.
18. Usa internet.
19. Empieza con la ejecución.
20. No te rindas hasta que ganes.

1. Persigue las pasiones más comercializables: Creo que es virtualmente imposible tener éxito con algo en lo que no crees. Si hay algo que te apasiona, hay muchas más posibilidades de que seas fiel al proyecto tanto en los buenos como en los malos momentos. Y la mejor manera de hacerlo es convertir tus aficiones en negocios. Haz una lista de tus aficiones y pregúntate con cuál podrías ganar dinero si la convirtieras en un negocio. A continuación, da los pasos necesarios para completar la transición.

2. Consigue el apoyo emocional de tu pareja (o familia): Es básico recibir el apoyo de tu pareja en las primeras etapas del negocio porque tendrás que trabajar muchas horas y puede que, al principio, tengas que gastarte más dinero del que ganas. Con la bendición de tu pareja, podéis trabajar juntos para conseguir tu visión. Sin embargo, obtener esa bendición puede resultar más difícil de lo que te imaginas, porque el mundo está lleno de cínicos que no creen que se pueda triunfar en los negocios. Te recomiendo que le enseñes a tu pareja ejemplos de otras personas normales y corrientes que han triunfado. Al hacerlo, puede que tu pareja se dé cuenta de que, con el tiempo, esta gente acaba trabajando porque quiere, no porque lo necesita, debido al éxito en los negocios.

3. Realiza un estudio de viabilidad: Es lo que debes hacer antes de empezar el negocio para asegurarte de que tendrás éxito. Incluye redactar un plan de negocio y crear un plan de marketing (que son dos cosas distintas). En el estudio de viabilidad, expondrás los gastos reales que supone empezar un negocio. Conocer esta información desde el principio aumenta tus posibilidades de éxito. Es uno de los pasos más importantes y no deberías saltártelo por nada del mundo.

4. Conoce tu mercado: Es extremadamente importante identificar quién va a adquirir tu producto o servicio para poder satisfacer las necesidades de estos clientes potenciales y poder utilizar la solución para mejorarles la vida de una manera u otra. Si eliminas este paso, es casi seguro que fracasarás. La mejor manera de conocer el mercado es entrevistarte con los clientes potenciales; pregúntales qué quieren y si lo obtienen en la actualidad. Si te dicen que no, puede que tu negocio les venga de perlas.

5. Aprovéchate de todas las deducciones fiscales: El sistema empresarial libre estadounidense está pensado para los propietarios de negocios, pero mucha gente ignora las múltiples deducciones fiscales por desconocimiento. Por ejemplo, los empresarios que operan desde casa pueden deducir parcialmente de la declaración de renta los siguientes gastos: hipoteca, gastos empresariales, gastos electrónicos, kilometraje o transporte público, teléfono, servicios públicos, internet y gastos de viaje.

6. Minimiza los gastos empresariales: ¡Tener un negocio propio puede resultar muy costoso! No obstante, este negocio que vas a empezar (y que se convierte en tu principal activo) te mantendrá durante años. ¡Puede convertirse en una de las mejores inversiones de tu vida! Por lo tanto, asegúrate de tomar decisiones relacionadas con el gasto de capital que te garanticen un retorno sólido de la inversión. No todos los gastos acaban convirtiéndose en ingresos. Para muchos negocios, por ejemplo, la publicidad puede ser un gasto injustificado.

7. Céntrate en el marketing: El marketing es una herramienta muy eficaz y no suele ser demasiado cara. Puedes hacer marketing de tu negocio de muchas maneras. La clave está en maximizar tus esfuerzos y llegar a cuanta más gente mejor. Por ejemplo, repartir folletos o colgar tu tarjeta en tablones de anuncios de tu comunidad no cuesta nada. Uno de los mejores expertos del mundo en marketing es Dan Kennedy. Te animo a que visites su página web y leas sus libros para convertirte en un experto en marketing. Su página web es: www.DanKennedy.com.

8. No gastes dinero en publicidad: La publicidad cuesta mucho dinero y, a menudo, no es muy eficaz. Cuando el *USA Today* del 5 de diciembre de 2002 publicó en portada mi mensaje sobre el destino, aprendí que el marketing a toda máquina funciona. Sin embargo, estoy seguro de que hay muchos empresarios autónomos que se gastaron miles de dólares publicando su anuncio en el periódico y que no recibieron ninguna llamada. Aléjate de los comerciales de publicidad a menos que tengas un presupuesto ilimitado. Un caso perfecto para ejemplificar la diferencia entre marketing y publicidad es el siguiente: imagínate que quieres anunciar tu página web en un buscador: hacerlo sería una buena inversión en marketing. Sin embargo, publicar tu página web en otra página como un anuncio sería, en mi opinión, tirar el dinero en publicidad.

9. Haz un presupuesto con el triple de dinero y tiempo de lo previsto: Si crees que vas a poder invertir 5.000 dólares en tu negocio y ganar mucho dinero en seis meses, puede que tengas razón. Si trabajas con estas cifras, probablemente tengas que acabar invirtiendo 15.000 dólares y esperar dieciocho meses para recoger los frutos de esa inversión. Esto es importante porque, al final, es posible que el negocio tarde un poco más de lo esperado en tener éxito y, por lo tanto, puede costarte más dinero. Sin embargo, te garantizo que este dinero y este tiempo adicionales son una buena inversión para conseguir el tipo de libertad que un negocio propio puede proporcionarte.

10. Quizá tengas que arriesgar más de lo que crees: No hay nada de valor en la vida que no implique cierto riesgo. Howard Schultz arriesgó todo lo que tenía, y lo que no tenía, para abrir Starbucks. Hoy, su negocio se ha convertido en una cadena mundial que le reporta miles de millones de dólares en beneficios y, además, Schultz es propietario de los Seattle Supersonics, el equipo de baloncesto de la ciudad. En pocas palabras: ¡la gente que tiene éxito corre riesgos! Si quieres ser rico, debes atreverte a arriesgar. Hazte esta pregunta: para obtener lo que quieres, ¿qué estarías dispuesto a arriesgar?

11. Asóciate con personas con más talento que tú: Los empresarios más listos contratan a gente más inteligente que ellos para que les ayuden a hacer crecer el negocio. Cuando hayas formado un equipo, debes aprender a delegar. Además, si no sabes cómo hacer algo, contrata a alguien que te lo haga, como la declaración de renta, por ejemplo. Un buen lugar para conocer profesionales extremadamente talentosos son los grupos locales de *networking*. Descubrirás que estos grupos están llenos de empresarios exitosos. Puede que no los contrates como personal fijo, pero puedes recurrir a ellos para que te ayuden a incrementar tu negocio.

12. Haz que tu negocio prospere a través de las relaciones y las referencias: Debes desarrollar relaciones con el objetivo de cerrar acuerdos. Para hacerlo, debes ganar confianza, respeto y reconocer las necesidades de tus clientes potenciales, como he dicho antes en la fórmula del éxito en ventas del capítulo 4. Zig Ziglar dice: «Si le caes bien a la gente, te escucharán pero, si confían en ti, harán negocios contigo». Es decir: la gente compra a quien le cae bien. Cuantos más amigos hagas, más acuerdos cerrarás. ¡Es así de sencillo! Anima a los clientes satisfechos a que te ayuden a atraer a más clientes. Recompensa a los clientes que te echen una mano. Al final, puedes acabar creando un negocio que avance a través de las referencias. El programa de referencias de Brian Buffini enseña a los pequeños empresarios a organizar «cenas de recompensa a los clientes» como medio para que sigan atrayendo a nuevos clientes. La página web del señor Buffini es: www.ProvidenceSeminars.com.

13. Como recurso publicitario: hazte notar. En el libro *Eat Mor Chikin, Inspire More People*, S. Truett explica cómo su empresa, Chick-fil-A, se gastó una pequeña cantidad de dinero en vallas publicitarias en la zona de Atlanta donde se veían imágenes de vacas escribiendo lo suficiente en una valla: «Come más pollo» y «Cinco de cada cinco vacas coinciden: come más pollo». El resultado fue que la empresa recibió, literalmente, publicidad gratis en radio, prensa escrita y televisión valorada en millones de dólares, y todo gracias a que se había hecho notar. Estas cosas llaman la atención de los medios. Haz algo así de creativo y manda comunicados de prensa a los medios. Si necesitas ayuda en los comunicados de prensa, envíale un correo electrónico a Tim Polk a la siguiente dirección: PolkPar72@aol.com.

14. Determina tu estrategia de salida: El objetivo es la jubilación, ¡así de simple! ¿Cuándo quieres jubilarte y con cuánto dinero? Hay mucha gente que no pone fecha ni cantidad a este objetivo. Sin embargo, creo que es importante saber cuánto dinero necesitarás para jubilarte. Y lo que es más importante, marcar una fecha para hacerlo y no dar marcha atrás. En una situación ideal, querrás que el negocio te siga reportando unos ingresos residuales que te permitan seguir ganando dinero después de la jubilación.

15. Consigue un coach o un mentor: Es más fácil, y mucho más económico, aprender de los errores de los demás que repetirlos. Por este motivo, creo que es crucial que encuentres a alguien en quien puedas confiar, que también tenga su propio negocio, y le puedas pedir que te ayude a empezar el tuyo. Te sorprendería saber la cantidad de gente que está dispuesta a ayudar a quien se lo pida. Hay coaches empresariales de todo tipo. Te animo a que visites un grupo de *networking* de tu zona, donde encontrarás coaches locales dispuestos a ayudarte. Hay una organización nacional de coaching que merece la pena que conozcas: Building Champions. Su página web es www.BuildingChampions.com.

16. Únete o crea un grupo de Mentes Superiores: Napoleon Hill es el padre del concepto de las mentes superiores. En su libro *Las leyes del éxito* (publicado por Ediciones Obelisco), dice que, para crear una Mente Superior, hay que unir, en armonía, dos o más mentes. Esta «mezcla de mentes» crea una tercera mente, que puede ser apropiada y utilizada por una o más de las mentes individuales. Este proceso, o tercera mente, creará puntos de vista o ideas que, sin un grupo de Mentes Superiores, no habrían nacido. Yo formo parte de dos grupos de Mentes Superiores y ambos me han ayudado mucho a crecer como empresario.

17. Determina tu solución: Es muy importante saber cuál es la proposición de valor de tu producto o tu servicio; es decir, qué problema solucionas a los clientes. Para que tu negocio tenga éxito, es muy importante que identifiques esta cualidad. Si no sabes qué parcela del mercado va a solucionar tu producto, puede que nunca tengas éxito. Tu negocio debe resolver las necesidades de los demás. Al hacerlo, estos clientes hablarán bien de ti a otras personas y tu negocio seguirá creciendo.

18. Usa internet: No puedes estar en todas partes a todas horas y, por eso, es importante que saques el máximo partido de internet mediante una página web sólida y con un buen número de visitas a través de un buscador que pueda atraer a posibles clientes hasta tu tienda virtual. En el siguiente capítulo, daré más detalles sobre las páginas web, internet y los buscadores. Sin embargo, si no eres una persona técnica, te animo a que contrates a una persona o a una empresa especializada en este campo para que te diseñen una página web y la mantengan por ti en lugar de perder tiempo y energías haciéndolo tú mismo. Podrías pasarte cientos de horas en la página web, pero es tiempo que no estás dedicando al marketing de tu negocio. Te recomiendo que leas cuidadosamente la siguiente sección (Internet), donde hablo del tremendo crecimiento de páginas web en el mundo (actualmente, el número se sitúa por encima de los sesenta millones y sigue creciendo a un ritmo vertiginoso).

19. Empieza con la ejecución: Empezar un negocio puede dar un poco de miedo, tanto que debemos hacer acopio de fuerzas y seguir adelante. Este concepto me recuerda una de mis citas favoritas, de una fuente anónima: «El valor es la capacidad de alejarse de lo familiar». Consigue una licencia empresarial, sienta las bases legales de tu empresa y empieza a guardar todos los recibos para la declaración de renta. Cuando hayas hecho todo esto, asegúrate de que cada día haces algo por tu negocio. Hay muchas personas que empiezan un negocio, comienza a tomarse semanas libres, y luego no puede recuperarse.

20. No te rindas hasta que ganes: Mucha gente desiste de sus sueños cuando están a nada de encontrar su particular mina de oro. El mundo está lleno de personas que se rindieron demasiado temprano y que ahora dependen de un trabajo por cuenta ajena para mantener a su familia.

Tener un negocio propio es una de las mejores maneras de hacerse rico. Sin embargo, para conseguir tus objetivos, debes seguir el camino hasta el final y mantenerte firme en el compromiso de conseguir tus objetivos económicos.

INTERNET

Internet sigue experimentando un crecimiento explosivo en todas las franjas de edades, niveles de experiencia profesional y dominio informático. Hay una razón por la que, hoy en día, hay más de sesenta millones de páginas web en el mundo: millones de personas de todos los rincones del planeta han descubierto una forma mejor de vender sus productos y servicios que a través de las tiendas tradicionales, las cuales pueden llegar a resultar muy costosas. Echa un vistazo a las estadísticas que te presento a continuación y que resumen el crecimiento de páginas web en el mundo desde el año 1990.

NOTA ESPECIAL

Según el informe del líder mundial en investigación en internet, Robert H. Zakon, el Hobbes Internet Timeline Copyright © 2003 Robert H. Zakon:

Número de páginas web en el mundo:

1990	1	1998	2.500.000
1992	50	2000	20.000.000
1994	10.000	2002	40.000.000
1996	250.000	2004	60.000.000

http://www.zakon.org/robert/internet/timeline/
www.zakon.org

➡ **Antes se solía decir que para tener éxito en un negocio se necesitaban tres cosas: ubicación, ubicación y ubicación. Hoy en día, puede que esto todavía sirva para los negocios tradicionales, pero actualmente quizá hay algo más importante que la ubicación: presencia en internet. Con una buena página web y una tienda virtual, la ubicación de tu negocio es accesible para cualquiera que tenga acceso a internet en todo el mundo. Esta cobertura supera cualquier tipo de ubicación.**

Sin embargo, para conseguir una buena ubicación de tu página web en internet, necesitarás recurrir a buscadores. Si no sabes lo que estás haciendo, esta tarea puede resultar un tanto complicada. Por lo tanto, te aconsejo que busques un *webmaster* que te ayude con la ubicación en el buscador. Hay muchos *webmaster* que son muy buenos diseñando páginas web pero no ubicándolas. Si estás en esta situación, he descubierto una fuente que te puede ayudar con la ubicación y la optimización de tu página web: Stores Online (www.StoresOnline.com), que ayuda a pequeños empresarios a asegurarse unos buenos posicionamientos dentro de los buscadores.

En los ejemplos reales que leerás al final del capítulo descubrirás que, virtualmente, para que un negocio por internet tenga éxito, todos los propietarios de negocios recomiendan asegurarse una buena ubicación en los buscadores.

Ejercicio

En los espacios que te dejo a continuación, escribe cinco productos o servicios que te apasionan y que podrías comercializar a través de internet:

1. --
2. --
3. --
4. --
5. --

Proposición de venta única

➡ **Cuando vayas a decidir qué tipo de producto o servicio quieres vender en internet, es importante que te preguntes por qué la gente comprará tu producto y no el de la competencia. Tienes que determinar lo que Doug Hall denomina la proposición de venta única para poderte diferenciar de los demás.**

Por ejemplo, si decides vender calculadoras por internet, será mejor que se te ocurra una buenísima razón por la que los clientes comprarán tus calculadoras cuando, perfectamente, podrían ir a la papelería de la esquina, comprar una y tenerla en casa el mismo día.

Como conferenciante profesional y escritor, intento diferenciarme de los demás conferenciantes comentándoles a los organizadores de las conferencias que, cuando me pagan para que dé una conferencia, en el precio van incluidas varias copias de mi libro *Crea tu propio destino* y que, además, yo me hago cargo de los gastos de transporte y las dietas. Muchos conferenciantes intentarán engatusar al organizador del evento para que les pague un billete en primera, los vaya a recoger y los lleve al aeropuerto en limusina y les pague cenas copiosas en los restaurantes más caros de la ciudad. Yo me hago cargo de todos esos gastos y, en consecuencia, la experiencia de ficharme a mí en lugar de a mi competidor es mucho más agradable para el organizador del evento.

EJERCICIO

Piensa en una de tus empresas favoritas y escribe tres razones por las que compras sus productos en lugar de los de la competencia:

1. ---
2. ---
3. ---

Y ahora escribe tres motivos por los que la gente comprará tu producto o servicio (estas razones se convierten en tu Propuesta de Venta Única):

1. ---
2. ---
3. ---

GRANDES ESTRATEGIAS DE INTERNET Y DE PÁGINAS WEB

Si quisieras abrir un negocio tradicional, estarías muy preocupado por el aspecto, la ubicación, el cartel y la limpieza del local. Bueno, pues el marketing en internet no es tan diferente porque la página web hace las funciones de «escaparate».

Con el paso de los años, he aprendido a poner en práctica muchas de las estrategias que ahora compartiré contigo. El resultado: mi página web, www.CreateYourOwnDestiny.com, recibe más visitas de las que jamás hubiera podido imaginar. Si implementas estas estrategias en tu página web, tus opciones de triunfar también crecerán.

1. Decide cuáles son la primera y segunda respuestas más deseadas.
2. Reserva un dominio que sea fácil de recordar.
3. Haz que tu página web salga en varios buscadores.
4. Ofrece algo GRATIS.
5. Simplifica la página web.
6. Ten entre 6 y 8 apartados en la barra de navegación.
7. Abre una base de datos para recibir tu boletín informativo.
8. Nunca vendas direcciones de correo electrónico a nadie.
9. Envía los boletines informativos con regularidad.
10. Ofrece siempre la posibilidad de volver al «Inicio».
11. Añade comentarios de terceros en la página web.
12. Cuelga tu foto y tu vídeo de la página web.
13. Configura el sistema de pago para que sea compatible con Visa y MasterCard.
14. Coloca la dirección de tu página en todas partes.
15. Introduce un marcador en la página web.
16. Evalúa qué páginas se visitan.
17. Pide a los visitantes que te den su opinión.
18. Ofrece la posibilidad de ampliar las fotos de los productos.
19. Utiliza una misma gama de colores.
20. No te fíes únicamente de los buscadores para juzgar las visitas a la web.

Decide cuáles son la primera y segunda respuestas más deseadas: Debes comunicarle, claramente, el objetivo de la página web a tu *webmaster* (o a quien sea que se encargue de diseñártela). He visitados muchas páginas web muy educativas pero que no me derivaban hacia la tienda virtual para comprar. Cuando la gente entra en tu página para comprar, debes ponérselo fácil. Por ejemplo, puede que la primera respuesta deseada para ti sea vender tus productos o servicios, así que debes convertir esta posibilidad en el objetivo de la página. Puede que la segunda respuesta deseada para ti sea recopilar nombres y direcciones electrónicas para poder crear una base de datos. Sea cual sea el objetivo de tu página web, es absolutamente crucial que el *webmaster* lo entienda perfectamente. Es mejor tener una página web funcional que cumpla tus objetivos que tener una página web muy moderna con animación pero que no venda tus productos o servicios.

Reserva un dominio que sea fácil de recordar: El dominio es otra palabra para referirnos a la «página web». Siempre es mejor escoger un nombre de dominio fácil de recordar. Es decir, algo fácil de recordar más «punto com». No quieres que a tus clientes potenciales les cueste recordar el nombre de la página web. Cuantas menos palabras, mejor. Además, puede que haya cinco o seis nombres similares en el mismo buscador. También deberías asegurarte de reservar el dominio con tu nombre y tu apellido «punto com». Si hay otra persona que tiene el mismo nombre que tú y ya lo ha reservado, ponte en contacto con ella y puede que te lo venda. La razón por la que quieres un nombre fácil de recordar es porque, cuando empieces a hacer marketing sobre tu página web, los clientes pueden ver el folleto y recordar la dirección de la página sin tener que escribirla. Un nombre de dominio puede ser malo porque es largo, difícil de recordar o porque acabe con «punto biz» o «punto net», etc. Todo el mundo recuerda lo de «punto com». Además, no quieres tener una dirección llena de barras porque todavía son más complicadas.

Haz que tu página web salga en varios buscadores: Los buscadores son sistemas de internet con listas de páginas web en un orden específico para que los navegantes las vean. Algunos ejemplos de buscador son: Yahoo, Google, MSN y Lycos. Si quieres vender productos o servicios por internet, es importante que tu página aparezca en estos buscadores. Puede que te cueste un poco de dinero, así que, otra vez, si no sabes lo que estás haciendo, será mejor que contrates a un profesional para que te ayude con esta tarea. Un experto en páginas web puede crear palabras clave y guardarlas en los códigos grabados en tu página web. Así, cuando los visitantes escriban esas palabras en el buscador, tu página aparecerá en la lista. Y no sólo es importante estar en la lista, sino estar lo más arriba posible porque, casi siempre, cuando alguien hace una búsqueda por internet, mira sólo las diez primeras entradas.

Ofrece algo gratis: Todo el mundo quiere algo gratis. Mucha gente navega por la red por entretenimiento y no quieren comprar nada. Por lo tanto, quieres que esta gente hable de tu página web a otras personas. He descubierto que la mejor manera de hacerlo es ofrecer muchos regalos en mi página web. Casi siempre, acabo dando media docena de informes gratis y distintos tipos de hojas de objetivos. Como resultado, a menudo recibo correos electrónicos de gente diciéndome lo mucho que les gustó el material gratuito y que le han hablado de mi página web a otras personas. Lo ideal sería que este material gratuito fuera algo que los visitantes pudieran descargarse. No querrás meterte en el negocio de enviar material a casa de la gente por correo ordinario de manera gratuita.

Simplifica la página web: El problema de muchas páginas web actuales es que los visitantes pueden verse abrumados con tanta información. De hecho, se pasan tanto tiempo navegando por la página que nunca llegan a la tienda virtual y no compran nada. Lo sencillo es siempre mucho mejor que lo complicado. Además, una página web sencilla no cuesta tanto como una complicada. En otras palabras: «Hazla para tontos». Asegúrate de que alguien con un nivel de comprensión de un niño de doce años puede navegar perfectamente por tu página.

Ten entre 6 y 8 apartados en la barra de navegación: Una barra de navegación es otra manera de identificar la tabla de contenidos de tu página web. Esto está muy relacionado con el punto anterior: no quieres tener una lista de veinte puntos a los que el visitante pueda ir porque, así, puede que se marche antes de llegar a la tienda virtual. Por lo tanto, creo que lo ideal es tener entre 6 y 8 apartados en la página principal. En mi página CreateYourOwnDestiny.com tengo los siguientes: Inicio (página principal) (Home), Material Gratuito (Free Stuff), Calendario (Calendar), Tienda virtual (Web Store), Kit del conferenciante (Speaker Kit), Galería (Media Gallery), Comentarios (Testimonials) y Contacta con Patrick (Contact Patrick).

Abre una base de datos para recibir tu boletín informativo: En cada apartado de la página, deberías ofrecer una opción para que el visitante se apunte para recibir tu boletín informativo. Después, para ir un poco más lejos, en el apartado de «Material gratuito» («Free Stuff») no deberías permitir que los visitantes accedieran a esta sección sin antes haber escrito su dirección de correo electrónico en la casilla en la que piden recibir el boletín informativo. Llevo haciéndolo desde hace años y mi base de datos ha pasado de estar casi vacía a disponer de varios miles de entradas con esta técnica. Puede que te preguntes cuánta gente se da de baja en el boletín informativo. Por experiencia, puedo decirte que cada vez que envío el boletín, menos del 0,10 % se da de baja. Como propietario de un negocio, tener una base de datos con tus posibles clientes es uno de tus principales objetivos.

Nunca vendas direcciones de correo electrónico a nadie: No lo digas sólo como un descargo de responsabilidad sino que, además, asegúrate de que NUNCA vendes o facilitas a nadie tu base de datos. Intentas ganar credibilidad y confianza por parte de los clientes, así que mantener la confidencialidad respecto a sus datos es la mejor manera de hacerlo. Sin mencionar este descargo de responsabilidad en la letra pequeña, seguro que tendrás muchos visitantes que querrán darse de alta pero que dudarán a la hora de darte sus datos por miedo a recibir correo basura de otras fuentes.

Envía los boletines informativos con regularidad: Es una muy buena manera de comunicarte con tus clientes. No obstante, asegúrate de que el boletín ofrece información valiosa para el lector. No puedes enviar cada vez el mismo boletín recordándoles a los lectores que les irá mejor si compran tus productos. Si ofreces informaciones y datos interesantes y nuevos, siempre puedes seguir añadiendo tu propio mensaje al final. Por ejemplo, yo siempre incluyo cinco citas para reflexionar al principio del boletín. Además, es importante incluir una opción para «Darse de baja» bien visible en cada boletín, de modo que si hay alguien que no quiere seguir recibiéndolo, pueda darse de baja fácilmente. Por último, quieres estar seguro de que tus clientes recuerdan tu empresa, pero no es bueno que los atosigues con un boletín cada dos por tres. Hay quien cree que boletines diarios y semanales están bien pero yo opino que los quincenales o los mensuales son mejores, porque así no molestas a los suscriptores.

Ofrece siempre la posibilidad de volver al «Inicio»: la opción «Inicio» («Home») conduce a los visitantes a la página principal, también llamada página inicial. Normalmente, es la primera que el visitante ve cuando abre tu web. Independientemente de dónde esté el navegante, es importante que tenga siempre la opción de volver al «Inicio», a la página principal. No hay nada más frustrante que tener que clicar en la flecha hacia atrás varias veces hasta volver a la página inicial. Tu página debe ser fácil de navegar y la opción «Inicio» es la clave de la facilidad.

Añade comentarios de terceros en la página web: A lo largo de mis años de experiencia, he aprendido que los clientes potenciales no suelen creer en los propietarios de sus propios negocios, porque creen que les dirán lo que sea para vender su producto. De ahí la importancia de los comentarios de terceros para el crecimiento de tu negocio. Es más que probable que los clientes potenciales crean más a otros clientes que a ti. Creo que deberías añadir estos comentarios en un lugar preferente de la página web, en el centro, porque son mucho más importantes que cualquier otra cosa que tú les puedas decir. Si lo haces, te garantizo que la respuesta de los clientes potenciales será mucho mayor. La mejor manera de obtener comentarios es pedirlos. Siempre que te encuentres con un cliente que ha quedado satisfecho con tu producto o tu servicio, pídele que te envíe por correo electrónico una breve explicación de por qué ha quedado satisfecho con tus servicios y después pregúntale si puedes publicar sus palabras en la página web. Verás como la mayoría aceptarán.

Cuelga tu foto y tu vídeo de la página web: A la gente le gusta ver con quién está haciendo negocios. Sin embargo, en la red la mayoría de transacciones se realizan sin que comprador y vendedor se vean. Creo que colgar la foto hará que los clientes confíen más en ti antes que en una página web sin fotografía. Vale la pena gastarse unos cien dólares en un fotógrafo profesional. También te animo a que añadas tu fotografía a las tarjetas profesionales. El vídeo te servirá para presentarte mejor a los clientes potenciales.

Configura el sistema de pago para que sea compatible con Visa y MasterCard: Con más de sesenta millones de páginas web activas, se gastan literalmente miles de millones de dólares en compras por internet mediante tarjetas de crédito. Por lo tanto, si estás en el sector del marketing por internet, debes facilitar el proceso de compra para los clientes. La mejor manera para conseguir una transacción ágil es abrir una cuenta mercantil de e-comercio que te permita aceptar tanto Visa como

MasterCard. Te recomiendo que te pongas en contacto con ViaKlix en el número (800) 377-3962 o visites su página web www.ViaKlix.com para la instalación. He utilizado ViaKlix durante varios años y todos los pagos de las compras por internet han ido a parar directamente a mi cuenta corriente profesional. Si vendes en eBay, puede que no necesites abrir tu propia cuenta de e-comercio, pero igualmente te recomendaría que, para la configuración, recurrieras a Pay Pal (www.PayPal.com.).

Coloca la dirección de tu página en todas partes: Uno de los mayores retos como empresario de marketing por internet es atraer a los clientes potenciales hasta tu página web. Así pues, te recomiendo que incluyas la dirección de tu página web en todo el material de tu empresa: tarjetas de visita, membretes de las cartas, etiquetas de correos, márgenes de las matrículas, etc. Yo incluso tengo un cartel muy grande con mi página, www.CreateYourOwn-Destiny.com, en la ventana trasera del coche que puedo levantar o esconder según me convenga. Cuando estoy de viaje de negocios, lo coloco bien visible de modo que todo el mundo que me adelanta en la autopista, o a quien yo adelanto, pueda leerlo. Además, cuando aparco el coche en un aparcamiento grande, siempre lo dejo expuesto. Recuerda que la gente que pase por delante sólo tendrá unos segundos para mirarlo, así que aquí tienes otro motivo por el cual el nombre del dominio debe ser fácil de recordar. Gracias a este cartel, he vendido muchos libros e incluso he firmado contratos para dar conferencias.

Introduce un marcador en la página web: Un marcador te dice el número de navegantes que han visitado tu página web. Si tienes un pequeño marcador en la parte inferior de la página, podrás hacer un seguimiento de las visitas. Esto es importante porque así puedes evaluar qué esfuerzos de marketing de los que haces tienen como resultado un mayor número de visitas a la página y qué estrategias no funcionan.

Evalúa qué páginas se visitan: Tu *webmaster* puede escribirte un informe sobre cuáles de todas tus páginas son las que reciben más visitas. Esto también es importante porque así puedes determinar cuántos visitantes van a la tienda virtual. Cuando evalúes estos informes, podrás determinar si necesitas introducir cambios en la página web.

Pide a los visitantes que te den su opinión: Para mí, la opinión de los visitantes de la página web es muy importante porque es un indicador de cómo lo estás haciendo. La mejor manera de hacerlo es, una vez tienes listos los apartados de «Material gratuito» («Free Stuff») y de «Suscripción al boletín informativo» («Newsletter Sign Up»), dile al *webmaster* que introduzca un mecanismo por el cual recibas un correo electrónico cada vez que alguien se suscriba al boletín. A continuación, responde al nuevo suscriptor, dale las gracias por visitar tu web, pregúntale si puedes ayudarlo en algo más, pídele que te dé su opinión sobre la página y, lo más importante, pregúntale cómo la descubrió (y ésta es, quizá, la mejor estrategia de marketing que puedes hacer). Cuando la gente compra de tu página web, asegúrate de hacer el seguimiento de la compra al cabo de una semana para garantizar la satisfacción del cliente y pídele que te haga algún comentario acerca de la operación.

Ofrece la posibilidad de ampliar las fotos de los productos: Independientemente de lo que vendas, es muy importante que el comprador pueda ver bien los productos. Para ello, te recomiendo que diseñes la página web de forma que el cliente pueda ampliar las fotografías de todos los productos. Me refiero a que, cuando clican sobre un producto, aparezca la misma fotografía pero en un tamaño bastante mayor. A la gente le gusta ver exactamente qué está comprando.

Utiliza una misma gama de colores: Puede que te parezca obvio, pero he visto muchos negocios cuyas páginas web, tarjetas de visita y membrete no siguen la misma línea. Es importante que todo lo relacionado con el negocio sea coherente para poder así reforzar la imagen corporativa de tu empresa. También debes encontrar o crear un logotipo que encaje con esa imagen.

No te fíes únicamente de los buscadores para juzgar las visitas a la web: Éste es, quizá, el punto más importante y por eso lo he reservado para el final. Mucha gente cree que si cuelgan la página web en un buscador y aparece entre las diez primeras entradas, recibirán miles de visitas. Y es cierto, pero la posición en la lista de entradas no es fija. Aunque hoy estés arriba del todo, irá cambiando. Por lo tanto, es importante tener una buena estrategia de posicionamiento en el buscador pero, hagas lo que hagas, es crucial que esto sólo sea parte de tus esfuerzos en marketing y no el único.

Todas estas estrategias son muy importantes y no deberías ignorarlas. Seguro que sales ganando si le dices a tu *webmaster* que siga estos pasos para poder asegurarte el éxito de tu página web. No obstante, si todavía necesitas ayuda, Stores Online es una fuente muy fiable (www.StoresOnline.com) que también te puede ayudar a diseñar y mantener tu página web. Seguro que ellos seguirán estos pasos para asegurarte el éxito y te ofrecerán una completa educación en internet.

EJEMPLOS REALES DE EMPRESARIOS POR INTERNET

A continuación, te presento una lista de siete personas normales con una educación o dominio de internet medio que, trabajando desde casa, ganan dinero vendiendo sus productos y servicios por internet:

NOMBRE Y PÁGINA WEB: Tim de California (www.ProfitPress.com)
TIPO DE NEGOCIO: Vende e-libros desde una tienda virtual a mayoristas
UBICACIÓN DE LA OFICINA: En casa
PROFESIÓN ANTERIOR: Escritor y editor autónomo
MESES HASTA OBTENER BENEFICIOS: Cuatro
PROPOSICIÓN DE VENTA ÚNICA: Información útil para el mayorista en un formato conciso
RETOS: Conseguir más visitas a la tienda virtual
BENEFICIOS DE INTERNET: Al vender archivos electrónicos, NO hay inventario
HORARIO: Media jornada
CONSEJO: Asociarte con alguien que domine internet
SUELDO MENSUAL: 500 $ (sueldo mensual máximo: 2.000 $)

NOMBRE Y PÁGINA WEB: Mary de Massachussets (www.ToleSampler.com)
TIPO DE NEGOCIO: Vende arte y productos pintados al gusto del cliente por internet
UBICACIÓN DE LA OFICINA: En casa
PROFESIÓN ANTERIOR: Profesora de química
MESES HASTA OBTENER BENEFICIOS: Doce
PROPOSICIÓN DE VENTA ÚNICA: Productos customizados y pintados a mano, piezas originales
RETOS: Conseguir más visitas a la página web

Beneficios de internet: Poder vender arte a cualquier parte del mundo
Horario: Jornada completa
Consejo: Vender algo que te apasione
Sueldo mensual: 1.000 $ (sueldo mensual máximo: 2.500 $)

Nombre y página web: Mike de Montana (www.ebay.com)
Tipo de negocio: Vende ropa, CD, aparatos electrónicos y artefactos en eBay
Ubicación de la oficina: En casa
Profesión anterior: agente de hipotecas
Meses hasta obtener beneficios: Dos
Proposición de venta única: Ha creado un potente servicio de seguimiento para la entrega
Retos: Encontrar productos baratos para obtener grandes beneficios
Beneficios de internet: Poder llegar a compradores de todo el mundo
Horario: Media jornada en el tiempo libre entre otros proyectos
Consejo: Comprar en las rebajas de los grandes almacenes para maximizar los beneficios
Sueldo mensual: 850 $ (sueldo mensual máximo: 2.500 $)

Nombre y página web: Thomas de Washington (www.ebay.com)
Tipo de negocio: Vende libros religiosos y de autoayuda, CD y DVD
Ubicación de la oficina: En casa
Profesión anterior: Consejero familiar
Meses hasta obtener beneficios: Doce
Proposición de venta única: La mayoría de productos no se encuentran en ningún otro sitio
Retos: Tener que buscar/encontrar inventario nuevo constantemente
Beneficios de internet: Ya no tiene que ir a trabajar. Libertad
Horario: Jornada completa
Consejo: Vende productos comunes y no dejes nunca de aprender
Sueldo mensual: 1.000 $ (sueldo mensual máximo: 2.800 $)

Nombre y página web: Lisa de Florida (www.TShirtsToo.com)
Tipo de negocio: Vende camisetas y pegatinas en internet (www.StickersEtc.com)
Ubicación de la oficina: En casa
Profesión anterior: Ama de casa (despidieron a su marido y ella empezó su negocio)
Meses hasta obtener beneficios: Tres
Proposición de venta única: No impone una cantidad mínima de camisetas o pegatinas
Retos: Ser más competitiva en el mercado virtual
Beneficios de internet: Puede vender servicios a todo el mundo
Horario: Jornada completa

CONSEJO: Concéntrate en conseguir una buena ubicación en los buscadores
SUELDO MENSUAL: 1.000 $ (sueldo mensual máximo: 20.000 $)

NOMBRE Y PÁGINA WEB: Cecilia de Florida (www.cjbisset.com)
TIPO DE NEGOCIO: Vende cuadros propios (acuarelas y pasteles)
UBICACIÓN DE LA OFICINA: En un estudio en casa
PROFESIÓN ANTERIOR: Varios trabajos
MESES HASTA OBTENER BENEFICIOS: Uno
PROPOSICIÓN DE VENTA ÚNICA: Cuadros únicos que encajan con la idea de decoración
                                                del cliente
RETOS: Seguir alimentando el inventario, pintar más cuadros
BENEFICIOS DE INTERNET: Puede acceder a un mercado global
HORARIO: Jornada completa
CONSEJO: Diseña una página web para vender arte y acude a las ferias de arte
SUELDO MENSUAL: 3.000 $ (sueldo mensual máximo: 22.000 $)

NOMBRE Y PÁGINA WEB: Vickie de California (www.toydirectory.com/vikietoryfactory.com)
TIPO DE NEGOCIO: Vende animales de peluche en internet
UBICACIÓN DE LA OFICINA: En un edificio de oficinas
PROFESIÓN ANTERIOR: Agente de viajes
MESES HASTA OBTENER BENEFICIOS: Seis
PROPOSICIÓN DE VENTA ÚNICA: Siempre dispone de stock; envía el material el mismo día del
                                                pedido
RETOS: Ser más competitiva en el precio, la calidad y el estilo
BENEFICIOS DE INTERNET: Tratar directamente con el cliente desde cualquier punto del planeta
HORARIO: Jornada completa (ahora tiene diez empleados)
CONSEJO: Concéntrate en la ubicación en los buscadores aunque cueste dinero
SUELDO MENSUAL: 170.000 $ (más de 2 millones de dólares al año)

Como ves, se trata de gente normal y corriente que saca partido a los muchos beneficios que ofrece la red para conseguir un sueldo adicional. Estas personas trabajan tanto a jornada completa como partida y todos venden algo que les gusta desde la comodidad de casa. Sin embargo, todos empezaron dedicándose a sus negocios propios a media jornada. Estos empresarios son hombre y mujeres entre 25 y 75 años.

He incluido el ejemplo de Vickie Toy Factory para demostrarte el potencial ilimitado del marketing por internet. Vickie no estaba contenta en la agencia de viajes donde trabajaba hasta que, en 1995, abrió su propio negocio por internet; ahora tiene un equipo de diez empleados y su empresa ingresa más de dos millones de dólares anuales. Por lo tanto, tanto si tu objetivo es ganar doscientos dólares adicionales al mes como ganar dos millones de dólares al año, vender tus productos y servicios por internet es el vehículo ideal para ayudarte a crear tu propio destino.

Si una agente de viajes descontenta, sin ninguna educación o formación avanzada en internet, puede ganar dos millones al año vendiendo ositos de peluche, creo que cualquiera puede ganar unos quinientos dólares adicionales al mes vendiendo algo que le apasione.

Puede que empezar un negocio dé un poco de miedo, sobre todo si no sabes demasiado bien lo que estás haciendo. Por ello, te animo a que acudas a algún amigo que ya haya empezado su propio negocio. Si no encuentras a nadie que lo haya hecho, hay un par de empresas, como Stores Online y Ebay, que pueden ayudarte a empezar a vender tu pasión por internet.

RESUMEN

Ahora estás en un punto en que has aprendido lo más importante para tener éxito en tu negocio. AHORA es el momento de pasar a la acción y ejecutar tu plan a diario. Conrad Milton dice:

> Parece que el éxito está relacionado con la acción.
> La gente con éxito no se detiene nunca.
> Cometen errores, pero no abandonan.

El hecho de leer un libro sobre cómo perder peso no significa que vayas a perderlo. Sólo adelgazarás si pones en práctica las estrategias que aparecen en el libro. Y, en los negocios, se aplica el mismo concepto. Leer este libro no te asegura que tu negocio vaya a tener éxito; debes pasar a la acción, ejecutar tu plan y poner en práctica las estrategias que hemos planteado en este capítulo.

A medida que empieces el negocio y vayas avanzando, seguro que te encontrarás obstáculos que, a veces, parecerán insalvables e incluso te obligarán a plantearte el abandono. Es normal; todos, en algún momento, dudamos de nuestras habilidades. En esos momentos, recuerda que la clave para tener éxito en la vida y en los negocios es, sencillamente, levantarte UNA vez más de las que caes. Si puedes comprometerte a hacerlo, ¡estás destinado a convertirte en un empresario de éxito!

Si has llegado hasta aquí, no me cabe ninguna duda de que, cuando implementes las estrategias, triunfarás. Te deseo todo el éxito y la libertad del mundo que un negocio propio puede ofrecerte. Los Estados Unidos son un gran país por muchas razones, pero creo que nuestro sistema EMPRESARIAL LIBRE es el mejor del mundo y es el principal motivo por el que te animo a empezar con tu negocio hoy mismo.

Te animo a que pongas en práctica las estrategias descritas en este capítulo. Tanto si empiezas un negocio de marketing por internet o con cualquier otro tipo de negocio, es importante que sepas que las ideas, las técnicas y las estrategias de las que te he hablado son aplicables a cualquier negocio que quieras empezar. Hagas lo que hagas, ¡asegúrate de que va acorde con tus pasiones!

RESPONDE A LAS NECESIDADES SUPERIORES

CAPÍTULO 11

Cuando naciste, lloraste y el mundo se regocijó.
Vive tu vida de tal forma que, cuando mueras,
el mundo llore y tú te regocijes.

REFRÁN INDIO

A estas alturas, ya deberías haber empezado a recorrer el camino hacia tu destino: sabes qué quieres de la vida, haces algo a diario para conseguirlo y estás preparado para superar los obstáculos, riesgos y adversidades que puedan aparecer. Tendrás éxito, estoy seguro. De hecho, Henry David Thoreau dijo:

> Si uno avanza con seguridad en la dirección de sus sueños, se encontrará con el éxito insospechado en el momento menos esperado.

El éxito llegará. Y cuando lo haga, ¿qué vas a hacer? ¿Vas a gastarlo todo en ti o vas a dar parte de tu tiempo, tu energía y tu dinero? Cuando tengas éxito, profesional y personal, me gustaría plantearte una última reflexión: responde a las necesidades superiores.

¿QUÉ ES UNA NECESIDAD SUPERIOR?

> Es algo que haces por encima de tu destino y que lo trasciende; en otras palabras, es ese algo que haces para devolverle al mundo lo que te ha dado.

Para muchos, puede que sea la fe; para otros, puede que sea la familia o cualquier otra causa igual de válida. Cada persona tiene una necesidad superior distinta, por eso te animo a que busques y averigües cuál es la tuya.

La Madre Teresa dijo: No rezo por el éxito, sólo pido fidelidad.

Ella, más que nadie, se pasó prácticamente toda la vida respondiendo a su necesidad superior: fundó un convento en Calcuta y se dedicó en cuerpo y alma a los más necesitados. Cuando murió, el 5 de septiembre de 1997, estoy seguro de que, mientras el mundo la lloraba, ella se regocijaba.

Muchos deportistas profesionales provienen de familias humildes. Cuando llegan a la cima, tienen los recursos necesarios para devolver a sus comunidades grandes cantidades de dinero.

Mira a Alex Rodríguez, por ejemplo. Es un jugador de béisbol profesional que jugó siete temporadas en los Seattle Mariners. Lo vi convertirse en el primer *short stop* de la liga profesional de béisbol. A principios de los noventa, iba al instituto. Después de la temporada del 2000, firmó un contrato con los Texas Rangers (antes de convertirse en un New York Yankee) por 252 millones de dólares. Exacto. Más de la cuarta parte de mil millones de dólares. Es mucho dinero, para cualquiera. Con una necesidad superior combinada con su aspecto, su personalidad, su carisma y su dinero, Alex Rodríguez puede, literalmente, mejorar el mundo.

Ha elegido donar millones de dólares de su bolsillo, así como infinitas horas de su tiempo, a los niños de las zonas marginadas de Miami en un esfuerzo por ayudarles a superar muchas de las adversidades con las que se encuentran cada día.

Sé lo que debes estar pensando: es muy fácil dar dinero y mejorar el mundo si eres multimillonario.

Puede que sea más fácil, sí, pero creo que cualquiera puede mejorar el mundo, independientemente de cuánto pueda ofrecer. ¿Cómo? Contribuyendo con tu tiempo y tu energía.

Aunque no te des cuenta, si todos hiciéramos el esfuerzo de ayudar a nuestras comunidades ofreciendo alimentos y ropa a los necesitados, podríamos cambiar el mundo. Uno a uno, entre todos podemos mejorarlo.

Lee este poema de Randy Poole y verás cómo, independientemente de tu edad o tus ingresos, puedes contribuir a mejorar el mundo y te dará una nueva perspectiva. Hará que te des cuenta del impacto que un individuo puede tener si da un paso adelante y ayuda a los que lo necesitan.

EL CAMBIO QUE PROVOCÓ

Entre la neblina matutina de la marea baja
me dispuse a salir a correr, con el *walkman* colgado.
Perdido en mi mundo privado, lejos de preocupaciones
y aflicciones corrí por la arena mojada,
sintiendo la arena entre los dedos.
A lo lejos, vi a un niño muy atareado.
Corría, se agachaba, cogía algo y lo lanzaba al mar.
No veía qué estaba lanzando, pero a medida que me acercaba
vi algo.
Parecían rocas o conchas, y cuando estuve cerca escuché.
«Venga, vuelve a casa. Ahora estás a salvo, vete.
Tu familia te espera, estrella de mar, date prisa.»

Al parecer, la subida de la marea había traído a la estrella hasta la playa,
y la bajada de la marea había dejado allí un millar o más.
Y ese salvador intentaba, una a una,
devolverlas al mar, en una carrera contra el sol.
Vi que su esfuerzo era en vano, casi todas morirían.
Desde mi mundo privado, dije: «Chico, ¿por qué te esfuerzas?
Al menos, habrá unas mil en toda la playa
y, aunque tuvieras tiempo, no podrás cogerlas todas.
¿Crees que de verdad vale la pena perder el tiempo así?».
Callé y esperé, para ver qué me decía.
Se agachó, recogió otra estrella y me miró a los ojos.
«Por esta sí que vale la pena, señor. ¡Esta no morirá!»
Y, con eso, lanzó la pequeña vida donde había esperanza.
Se agachó y cogió otra. Vi que no bromeaba.
Sus palabras me atravesaron el pecho como un cuchillo.
Donde yo sólo veía cifras, él sólo veía vida.
No veía la multitud de estrellas de mar en la playa.
Sólo veía la vida que tenía en las manos.
No se detuvo a discutir, a demostrar que tenía razón.
Siguió lanzando estrellas de mar al agua con todas sus fuerzas.
Así que yo también me agaché, cogí una estrella y la lancé al mar
y pensé, mira el cambio que este chico ha provocado en mí.

Ahora reflexiona sobre lo que enseña el poema de la estrella de mar y cómo puede ayudar a mejorar tu familia, tu comunidad y el mundo:

- Pasar más tiempo en casa con tu familia.
- Colaborar como voluntario en el barrio y comités de la comunidad.
- Implicarse en una «causa» mundial.
- Entrenar un equipo escolar.
- Hacer donativos de comida.

- Hacer donativos de dinero o ropa a organizaciones fiables.
- Colaborar como voluntario en un grupo de la iglesia.
- Sencillamente, salvar vidas marinas que se han quedado atrapadas en la arena.

EJERCICIO
Reflexiona un momento y luego haz una lista con todo lo que potencialmente podrías hacer para mejorar el mundo.

Hay muchas oportunidades para mejorar el mundo. Es más, están a tu alrededor. Búscalas y luego dedícales tu tiempo, energía, pasión y, si puedes, dinero. En estos momentos, yo estoy respondiendo a mi necesidad superior. Puede que todavía no sepas cuál es la tuya, pero pensar en ella es un buen principio. Tengo dos hijos y me han enseñado lo mucho que disfruto con los niños. Por eso, me disgusta mucho que, según los datos de UNICEF, cada año mueran seis millones de niños debido a la malnutrición.

➡ **Mi fe guía mi necesidad superior, dedicada a ayudar a los niños necesitados de todo el mundo. Al influenciar a los niños de hoy, contribuyo a formar a los líderes de mañana.**

S. Truett Cathy, fundador de Chick-fil-A y padre de acogida de más de ciento veinte niños, ha sido mi inspiración para responder a mi necesidad superior: construir y dirigir casas de acogida para niños necesitados. Quiero ayudarlos a no caer en las drogas y el alcohol y a convertirse en los líderes de mañana.

Además, me he asociado con una organización mundial llamada Performance Dynamics (www.Performance Dynamics.net). Fundada por dos visionarios, Ashoke y Kris Menon, Performance Dynamics comparte mi visión de ayudar a los niños de hoy a convertirse en los líderes de mañana. Para mejorar nuestro mundo, vendemos programas de liderazgo y mentores a escuelas de todo el país. Para obtener más información acerca de Performance Dynamics y apoyar o unirte a nuestra visión, visita la página web o llama al (866) 260-5036.

Pronto se publicará el nuevo libro de Ashoke y Kris Menon, de modo que podrás leer y comprobar el cambio a largo plazo que su trabajo tiene en la juventud de los Estados Unidos. De niño en niño, están mejorando el mundo.

EJERCICIO

¿Cuál es tu necesidad superior en la vida?

DEFINICIÓN DE ÉXITO

En este capítulo, hemos hablado mucho del éxito y de la necesidad superior. Y son dos grandes temas. Pero me gustaría que reflexionaras sobre esto: alcanzar tu destino y lograr el éxito no tienen por qué ser el final de nada, no tiene por qué ser algo que consigues y que no puedes volver a encontrar nunca más. Ben Sweetland dijo: «El éxito es un viaje, no un destino».

Para que el viaje de la vida sea satisfactorio, recuerda estas claves del éxito que alguien anónimo definió:

- Reír mucho y a menudo.
- Respetar a las personas inteligentes y tener afecto por los jóvenes.
- Apreciar la belleza.
- Buscar lo mejor en los demás.
- Dejar el mundo mejor que cuando llegaste, ya sea con un hijo sano, un jardín bien cuidado o con una condición social cubierta.
- Saber que, al menos, otra vida ha respirado más tranquila gracias a tu vida.

La película *Náufrago*, protagonizada por Tom Hanks, es una de mis favoritas porque simboliza la esencia de la «elección» mejor que cualquier otra película que jamás haya visto. Todo el mundo se quedó muy impactado por el accidente aéreo y el hecho de que viviera en una isla desierta durante tanto tiempo pero a mí, sin embargo, me impactó mucho más la última escena, después de entregar el último paquete. En ese punto, perdido en medio de la nada, llega a un cruce de caminos. Mira a ambos lados. Y al hacerlo puede, quizá por primera vez en su vida, ELEGIR qué camino quiere tomar. Seguramente, por primera vez en su vida se dejó llevar por el corazón. Te animo a que hagas lo mismo. Creo que si escuchas a tu corazón y luego eliges tu destino, al mismo tiempo estarás respondiendo a una necesidad superior. ¿Qué dirección eliges? Independientemente de cualquier influencia en tu vida, esta elección depende de ti.

Esta escena final me recuerda lo que dijo J. Martin Kohe:

> El mayor poder que una persona posee es el poder de elección.

RESUMEN

Ahora que ya casi has terminado el libro, tú también estás frente a un cruce de caminos. Te animo a que viajes por el camino que tu corazón elija. Pero, recuerda, sea por donde sea, hazlo de manera que el mundo mejore gracias a ti y a lo que le devuelves.

Aquí tienes otra cita, esta vez de T. Menlo, que creo que ilustra perfectamente el concepto de responder a una necesidad superior:

> Si cada día de tu vida representa una chispa de luz, al final de tu vida habrás iluminado el mundo.

Antes o después, todos los que estáis leyendo este libro, y tú en concreto (no cualquier otro), tendréis que determinar cuál es vuestra necesidad superior. Será distinta para cada uno de nosotros, pero espero que la encontréis y que os dediquéis en cuerpo y alma a ayudar a los demás de una manera que nadie más puede hacer.

Al responder a tu necesidad superior y devolver al mundo y a los más necesitados todo lo que te han dado, te convertirás en una persona más completa y, gracias a tus esfuerzos, experimentarás más amor y felicidad.

Te animo a buscar tu necesidad superior y que ilumines el mundo a lo largo de tu camino. Estás haciendo grandes cosas. Disfruta de la vida y vive cada día cuidándolo como el precioso regalo que es. Me gustaría terminar este capítulo con una cita de Charles Dickens:

> Nadie es inútil en el mundo, mientras pueda aliviar un poco el peso de sus semejantes.

Pon tu mira en el cielo y recibirás también la Tierra.
Pon tu mira en la Tierra y no recibirás ni ésta ni el cielo.

C.S. LEWIS

¿Cuál es tu destino final? ¿Qué sucede contigo cuando tu tiempo en la Tierra se acaba? Este libro no es de teología. En realidad, tuve mis dudas de si debía o no incluir este capítulo. Los llamados «expertos» me aconsejaron que no tocara el tema de Dios por miedo a espantar a algunos lectores. No soy sacerdote ni estoy cualificado para escribir sobre la fe en Dios (o la ausencia de la misma). Por lo tanto, ésta va a ser la primera y última mención de este tema en todo el libro.

Sin embargo, mientras le daba vueltas, acabé pensando que les estaba haciendo un flaco favor a mis lectores si escribía un libro sobre el destino y evitaba estas dos preguntas. Así que he decidido incluir este capítulo y compartir contigo mis creencias, ya que muchos lectores me han preguntado cuáles son.

En esta situación, quiero plantearte un desafío. Mi desafío es que investigues tus creencias acerca de nuestro Creador y tu destino final. Personalmente, creo que sin Dios hay muchas cosas de la vida que no tienen sentido y, por ello, la búsqueda de un ser superior será eterna. Por ejemplo, mucha gente busca sentirse plena en los lugares equivocados, como en el dinero o el consumismo.

Sin embargo, creo que se puede alcanzar la plenitud con Dios. También creo que Dios decide nuestro destino final. No obstante, lo que yo crea no importa. Lo que importa ahora es que determines tus creencias, qué ha formado e influido y por qué tienes estos sentimientos. ¿Crees en Dios? ¿Crees en la vida después de la muerte? En la contraportada de este libro puedes leer una cita mía que dice:

> Sólo aquellos que pueden ver lo invisible pueden conseguir lo imposible. CREER en tu VISIÓN es la clave para crear tu propio destino.

Para mucha gente, Dios es invisible. Pero para aquellos que pueden ver su presencia, la fe y las creencias los llevarán a la plenitud y les permitirán hacer grandes cosas en la vida, al mismo tiempo que contribuyen sobremanera a mejorar el mundo. Si crees en Dios y en tu visión, serás imparable y no dejarás de generar bien para la humanidad. Creo que, con Dios, todo es posible.

Sin embargo, hay quien dice que no es honorable esforzarse por alcanzar grandes cosas en la Tierra si se quiere ganar el destino final a los ojos de Dios. Mi opinión es que debes esforzarte por las dos cosas. Vive tu vida de modo que trabajes duro para conseguir tus objetivos pero, al mismo tiempo, busca formas distintas de compensar a la vida y ayudar a los necesitados. El capítulo anterior pretendía cubrir este enfoque.

Por si te estás preguntando cómo he llegado a este punto en referencia a la fe, permíteme compartir contigo cómo me he convertido en la persona que soy hoy. A los diecisiete años, recordarás que mi objetivo era jugar en la NFL. Por lo tanto, el verano antes de graduarme en el instituto, acudí a un campamento deportivo de la Hermandad de los Atletas Cristianos, donde escogí centrarme en el fútbol americano.

Durante aquella semana, además del fútbol, estuve muy cerca de Jesucristo (como nunca antes en mi vida). Pronto descubrí que, aunque consiguiera mi objetivo de jugar en la liga profesional de fútbol americano, y quizá lograra ganar una Super Bowl, la felicidad de ganar un campeonato en la tierra sólo sería temporal.

Sin embargo, siguiendo a Cristo, me di cuenta de que un campeonato con Dios en el cielo sería eterno. Como consecuencia de esta revelación, el verano de 1986 acepté a Jesucristo en mi corazón como mi Señor y mi Salvador. Desde entonces, ha sido mi copiloto y me ha conducido hacia mi destino final en la vida: ayudar a los demás a triunfar. Creo que mi vida es un regalo de Dios y lo que haga con ella es mi regalo a Dios.

➠ **Espero que, al escribir *Crea tu propio destino*, te haya ayudado a recorrer el camino de la vida y que valores este mensaje de fe como el regalo que te hago. No intento decirte en qué debes creer, sólo te expongo en qué creo yo y cómo el hecho de seguir a Cristo me ha ayudado.**

Con la presencia de Dios en tu corazón, creo que puedes dar forma a tu destino final en la vida. Te animo a que busques la fe para poder tener a Dios a tu lado en el camino hacia tus objetivos… tanto en la vida en la Tierra como en el más allá.

¿Crees en Dios?

¿Crees en la vida después de la muerte?

¿Qué acontecimientos de tu vida te han hecho creer en ello?

¿Cuál es tu destino final?

Haz realidad tu destino _____

*Las ideas llevan a los propósitos, los propósitos empujan
a la acción, la acción crea hábitos, los hábitos forman
el carácter y el carácter fija nuestro destino.*

TYRON EDWARDS

Bueno, pues ésta ha sido mi historia. Espero que, de una
manera u otra, mis ideas y sugerencias te hayan inspirado
y puedas aprovecharlas. Después de leer el libro, espero
que creas lo que dijo William Jennings Bryant:

> El destino no es cosa de la suerte, sino de las eleccio-
> nes. No es algo que se espera, es algo que se alcanza.

Mientras termino, quiero que entiendas que la vida está
llena de opciones y que debes tomar las riendas de tu vida
eligiendo tu destino y avanzar hacia él con confianza y
determinación. Recuerda siempre lo que Yogi Berra dijo:

> Si no sabes adónde vas, seguro que acabarás en otro
> sitio.

Espero que el material de este libro te haya inspirado
para seguir descubriendo el destino para el cual naciste. Si
no, te animo a leer mi Guía del Éxito para que te acompa-
ñe en tu camino por este mundo tan desafiante en el que
vivimos:

Guía del Éxito

1. Visualiza tus sueños.
2. Márcate objetivos ambiciosos.
3. Crea tu plan de juego.
4. Construye una riqueza real.
5. Antepón la familia al trabajo.
6. Vence la adversidad, la tentación y la adicción.
7. Supera tus miedos.
8. Recuerda a los que te formaron.
9. Ejecuta tu plan a diario.
10. Empieza un negocio propio.
11. Responde a las necesidades superiores.
12. Cuestiónate el destino final.

El objetivo de este proceso introspectivo, y en concreto de mi libro, es ayudarte a entender que el destino con el que todos nacemos es la libertad para elegir si queremos controlar nuestra vida o no. La única manera de controlarla es a través de los OBJETIVOS.

Podemos controlar la vida y el destino… sólo con escribir nuestro futuro por adelantado. Al hacerlo, ¡podemos crear nuestro propio destino! Al fin y al cabo, Meter Drucker dijo:

> La mejor manera de predecir el futuro es creándolo.

Espero que empieces inmediatamente, utilizando la libertad de la que gozamos todos y decidas, de una vez por todas: QUÉ QUIERES EXACTAMENTE DE LA VIDA.

Cuando, finalmente, hayas descubierto tu destino, te animo a que sigas adelante y REÚNAS EL CORAJE para perseguirlo pasando a la acción y ejecutando tu plan de juego a diario.

He diseñado este libro para que te sirva de guía y de brújula, para que te ayude a encontrar el camino mientras persigues tus objetivos. Te animo a que incorpores las ideas, técnicas y estrategias que te he expuesto para que, al final, consigas experimentar lo que casi todo el mundo quiere: más tiempo, más dinero, más libertad, más salud, más amor y más felicidad.

Hay gente que se pasa toda la vida preparándose para vivir, pero nunca lo hacen. Y a pesar de que casi todo el libro habla del futuro, creo que es básico disfrutar del presente y vivir el día a día. Henry van Dyke, en su poema *Seize the Day*, dijo:

> Alégrate de la vida porque ella te da la oportunidad de amar, de trabajar, de jugar y de mirar a las estrellas.

Si ejecutas el plan de juego a diario y persigues tus objetivos y tu destino, asegúrate de que realmente quieres lo que estás persiguiendo. Dale Carnegie dijo:

> El éxito es conseguir lo que quieres, la felicidad es querer lo que consigues.

Ahora que ya has terminado el libro, espero que estés listo para comprender perfectamente el Secreto del Éxito que mencioné en la introducción. Este secreto se ha convertido en mi filosofía personal. Es algo que he desarrollado después de casi veinte años de intenso estudio del campo del crecimiento y el desarrollo personal.

Si lo adoptas en tu vida, será todo lo que necesites saber para descubrir lo que el subtítulo de este libro promete:

Cómo conseguir exactamente lo que quieres en la vida.

El 16 de marzo de 2002, a las 2:30 de la madrugada tuve una revelación, me desperté y me levanté para escribir este Secreto del Éxito (véase pág. 213).

Si vas a quedarte con algo de este libro, que sean dos cosas: mi Secreto del Éxito y lo que el escritor Peral S. Buck, ganador de un premio Pullitzer y un premio Nobel, dijo:

> Los jóvenes no saben lo suficiente para ser prudentes y, por lo tanto, intentan conseguir lo imposible… y, generación tras generación, lo consiguen.

Tanto si eres joven como mayor, si crees en tu visión, puedes alcanzar lo imposible una y otra vez. Eres un imán con vida y atraes lo que visualizas. ¡Lo que quieres, te quiere!

En ningún momento dije que crear tu destino sería fácil o no sería doloroso. En realidad, alcanzar nuestro destino puede ser uno de los desafíos más difíciles de nuestra vida. Sin embargo, creo firmemente en lo que el campeón del Tour de France, que superó un cáncer, Lance Amstrong relata acerca de los sueños en su libro *Vivir cada segundo*:

> ¡Sé valiente y lucha hasta el final! El dolor es temporal pero el abandono es para siempre.

Te animo a que no abandones nunca y sigas persiguiendo tu destino como si en ello te fuera la vida… ¡porque es verdad! Por último, me gustaría comentarte que el nivel de felicidad depende, en parte, de si te mantienes fiel a tus sueños o no. Recuerda que la partida no termina hasta que ganas. Para ganar, necesitas compromiso y determinación. El poeta Henry Wadsworth Longfellow dijo:

> Las cimas que los grandes hombres alcanzaron y conservaron, no se consiguieron con una intensa bata-

lla, ya que mientras sus acompañantes dormían, ellos se afanaban por ascender en la noche.

Crear tu destino es una batalla que dura toda la vida y que tiene lugar en tu mente e influye en los sueños. No obstante, es una batalla que ganarás con intención y persistencia.

Ahora que ya conoces mi historia y mi destino, espero que te pongas en contacto conmigo para explicarme tus sueños. Tal vez pueda ayudarte a alcanzar tu destino.

Te sigo invitando a:

¡SOÑAR, PLANEAR, EJECUTAR Y RENACER!

Ojalá tu vida esté llena de paz, amor, prosperidad y ojalá alcances tu destino.

Gracias y que Dios te bendiga.

Con cariño, tu amigo:

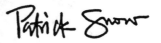

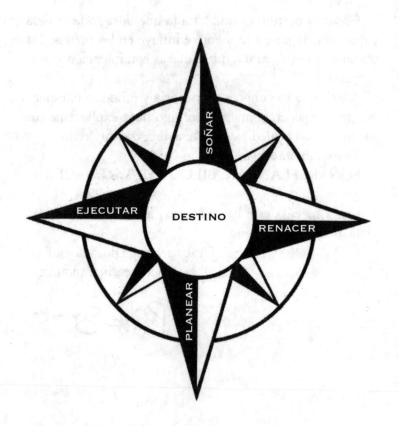

«Cuando decidas lo que realmente quieres en la vida, el ÚNICO obstáculo para lograrlo será tu mente.

»Cuando empieces a creer y a confiar en ti mismo y en tus pasiones, superarás las ideas que te limitan y que habitan en tu mente. Estas ideas son el único obstáculo que te impide conseguir todo lo que realmente quieres.

»Una vez hayas tomado la decisión de superar tus miedos, acallar las dudas y ganar esta batalla mental, podrás conseguir todo lo que habías imaginado.

»Tu mente habrá prendido fuego a la mecha de tu corazón para ejecutar a diario el plan de juego con el fin de conseguir tus objetivos. Cuando lo hagas, te convertirás en una fuerza imparable, capaz de alcanzar un éxito y una libertad mayores de lo que jamás te hubieras imaginado.

»Cuando lo hayas hecho habrás, literalmente, creado tu propio destino.»

Patrick Snow
www.CreateYourOwnDestiny.com
(800) 951-7721

NOTA SOBRE EL AUTOR _____

Durante más de veinte años, Patrick Snow ha estudiado el sector del crecimiento y el desarrollo personal. Como consecuencia, los triunfadores de los Estados Unidos lo han bautizado como «El decano del destino» y, en la actualidad, es escritor, conferenciante, coach y empresario. Se ha convertido en una autoridad en cómo descubrir y crear el propio destino en la vida. El mensaje del destino ha aparecido en la portada del USA Today, así como en el Chicago Sun Times y el Denver Post y se ha distribuido en más de trescientas emisoras de radio de toda Norteamérica y Europa.

Patrick es autor de *Crea tu propio destino: Cómo conseguir exactamente lo que quieres en la vida*, del que ya se han vendido más de sesenta mil ejemplares desde que se publicó la primera edición en julio de 2001. También es coautor de *Inspiring Breakthrough Secrets to Live Your Dreams* y de *Wake Up... Live the Life You Love* de Robert Allen, Mark Victor Hansen, Cynthia Kersey y el doctor Wayne Dyer.

Ha visto casos de despidos o de descontento laboral por parte de los trabajadores durante muchos años. Como defensor del negocio propio, la misión de Patrick en la vida es ayudar a los demás a que conviertan la angustia profesional en un éxito personal, todo mediante un negocio propio.

Originario de Míchigan, Patrick se graduó en la universidad de Montana en 1991 y ha vivido en Seattle desde entonces. Él y su mujer Cheryl (fiscal del estado) viven en Bainbridge Island, estado de Washington, con sus dos hijos Samuel y Jacob. Colabora con su comunidad entrenando de manera voluntaria a equipos deportivos infantiles y aconsejando a jóvenes con problemas.

BIBLIOGRAFÍA RECOMENDADA

A Life on the Edge, Jim Whittaker.

Break Through to a LIFE that ROX, Larry Olsen.

Chicken Soup For The Soul (entire series), Jack Canfield and Mark Victor Hansen (CANFIELD, Jack, HANSEN, Mark Victor: *Sopa de pollo para el alma,* Alba Editorial, Barcelona, 1996).

Creating Your Own Destiny, Patrick Snow (SNOW, Patrick: *Crea tu propio destino,* Ediciones Obelisco, Barcelona, 2006).

Do What You Love and the Money Will Follow, Marsha Sinetar.

Don't Sweat the Small Stuff, Richard Carlson (CARLSON, Richard: *No te ahogues en un vaso de agua,* Grijalbo Mondadori, Barcelona, 1998).

Drive Yourself Happy, Dr. Rhonda Hull.

Eat Mor Chikin Inspire More People, S. Truett Cathy.

Every Second Counts, Lance Amstrong (AMSTRONG, Lance: *Vivir cada segundo,* RBA Libros, Barcelona, 2004).

Failing Forward, John C. Maxwell (MAXWELL, John C.: *El lado positivo del fracaso,* Editorial Caribe, Miami, 2004).

Grow Rich with Peace of Mind, Napoleon Hill.

Hope for Each Day, Billy Graham.

How to Win Friends and Influence People, Dale Carnegie (CARNEGIE, Dale: *Cómo ganar amigos e influir sobre las personas,* Círculo de lectores, Barcelona, 1997).

If You THINK You CAN!, T. J. Hoisington.

Inspiring Breakthrough Secrets to Live Your Dreams, coautor: Patrick Snow.

Jump Start Your Business Brain, Doug Hall.

Life Is Tremendous, Charlie Jones.

Live Your Dreams, Les Brown.

Love Is the Killer App, Tim Sanders.

Man's Search for Himself, Rollo May.

Million Dollar Habits, Robert Ringer.

Multiple Streams of Income, Robert Allen.

Rich Dad Poor Dad, Robert Kiyosaki (KIYOSAKI, Robert: *Padre rico, padre pobre*, Ediciones Alfonso Martínez, Alpedrete, 2002).

Rudy's Rules, Rudy Ruettiger.

See You at the Top, Zig Ziglar (ZIGLAR, Zig: *Nos vemos en la cumbre*, Iberomet, Madrid, 1993).

Simple Steps to Impossible Dreams, Steven Scott (SCOTT, Steven: *Pasos simples hacia sueños imposibles*, Bestseller Ediciones, Elche, 2000).

Swim With the Sharks without Being Eaten Alive, Harvey Mackay.

The Automatic Millionaire, David Bach (BACH, David: *El millonario automático*, Vintage Books/Random House Inc., Londres, 2003).

The Bible, Multiple Authors (AA.VV.: *La Biblia*, Salvat Editores, Barcelona, 1980).

The Cashflow Quadrant, Robert Kiyosaki (KIYOSAKI, Robert: *El cuadrante del flujo de dinero*, Ediciones Alfonso Martínez, Alpedrete, 2002).

The Code: The 5 Secrets to Teen Success, Mawi Asgedom.

The Laws of Success, Napoleon Hill (HILL, Napoleon: *Las leyes del éxito*, Ediciones Obelisco, Barcelona, 2006).

The Millionaire Next Door, Thomas Stanley and William Danko.

The One Minute Millionaire, Mark Victor Hansen and Robert Allen (HANSEN, Mark Victor, ALLEN, Robert: *Millonario en un minuto*, Ediciones Temas de Hoy, Madrid, 2003).

The Purpose Driven Life, Rick Warren.

The Spellbinders Gift, Og Mandino (MANDINO, Og: *El don del orador*, Editorial Diana, Ciudad de México, 2004).

The Success Principles, Jack Canfield (CANFIELD, Jack: *Los principios del éxito*, RBA Libros, Barcelona 2005).

The 7 Habits of Highly Effective People, Stephen Covey (COVEY, Stephen: *Los 7 hábitos de la gente altamente efectiva*, Ediciones Paidós Ibérica, Barcelona, 1996).

The 21 Irrefutable Laws of Leadership, John C. Maxwell.

Think & Grow Rich, Napoleon Hill (HILL, Napoleon: *Piense y hágase rico*, Grijalbo Mondadori, Barcelona, 1997).

Unlimited Power, Anthony Robbins (ROBBINS, Anthony: *Poder sin límites: la nueva ciencia del desarrollo personal*, Grijalbo Mondadori, Barcelona, 1999).

Unstoppable, Cynthia Kersey.

Wake Up... Live the Life You Love, Steven E. y 107 coautores.

Way of the Peaceful Warrior, Dan Millman (MILLMAN, Dan: *El guerrero pacífico*, Editorial Sirio, Málaga, 1987).

When the Drumbeat Changes, Dance a Different Dance, Albert Mensah.

Who Moved My Cheese, Spencer Johnson (JOHNSON, Spencer: *¿Quién se ha llevado mi queso?*, Ediciones Urano, Barcelona, 2000).

Working Wounded, Bob Rosner.

ÍNDICE